송이의 비밀 노트
아낌없이 주는 식물

양승현 글 | 지문 그림

아이앤북

머리말

가슴이 답답할 때면 탁 트인 자연으로 나가 보세요. 무엇이 보이나요? 높은 하늘과 맑은 물, 그리고 우리 눈길을 끄는 예쁜 꽃들과 푸른 나무……. 식물은 우리의 눈뿐만 아니라 마음까지 시원하게 해 주어요. 식물은 우리가 숨 쉴 수 있도록 산소를 만들어 주고, 광합성을 통해 스스로 양분을 만들어 내는 지구의 생산자예요. 또한 먹이 사슬의 맨 아래 칸에서 동물들의 먹이로 온몸을 내어 주지요.

소비자인 우리는 생산자인 식물을 당연하다는 듯이 먹고 일상생활에서 요모조모 사용해요. 집을 짓고, 가구와 물건을 만들고, 약으로도 쓰지요. 이들 식물이 없다면 아름다운 푸른 지구는 그 생명력을 잃고 말 거예요. 그럼 우리도 더 이상 살아갈 수가 없겠지요.

이 책은 이처럼 소중한 식물에 대해 알아보는 책이에요. 식물로 마법약을 만들려고 하는 예비 마녀 송이와 함께 식물의 모든 것에 대해 살펴볼까요? 이를 바탕으로 식물에 대해 잘 알게 될 뿐 아니라, 우리와 함께 살아가는 식물에 대한 사랑과 책임감이 생겨나기를 바라요.

예비 마녀 송이의 마음속에 있는 비밀은 무엇일까요? 그 비밀 때문에 남몰래 만들고 싶은 마법약은 무엇일까요?

약풀에 관해 척척박사인 할머니를 따라 식물에 대해 공부하고 실험하면서 송이는 마법약을 성공적으로 만들어 낼까요? 앞으로 펼쳐질 이야기 속에서 알아보아요.

여러분도 만들고 싶은 마법약이 있나요? 우리에게 마법 같은 선물을 주는 고마운 식물에 대해 살펴보면서, 여러분만의 마법약을 생각해 보는 것도 좋겠네요. 송이보다 더 특별하고 더 멋진 여러분만의 마법약을 만들기를, 응원과 함께 주문을 걸어 보낼게요.

수리수리 마수리, 아니 송이송이 꽃송이, 얍!

양승현

차례

프롤로그   10

송이의 비밀 노트 ❶
식물은 어떻게 이루어져 있나?   12
- 물과 영양분을 쭉쭉, 땅속으로 쭉쭉! 식물의 뿌리   16
- 여러 가지 뿌리   18
- 식물의 영양분이 오가는 길, 줄기   21
- 여러 가지 줄기   22
- 숨을 쉬고 영양분을 만드는 잎   26
- 여러 가지 잎   29
- 알록달록 곱고 예쁜 꽃   32
- 여러 가지 꽃   35
- 탐스러운 열매   38
- 자라서 다시 새로운 식물이 되는 소중한 씨   40

송이의 비밀 노트 ❷
식물이 사는 곳   44
- 들과 산에 사는 식물   50
- 고산 식물   53
- 연못과 늪에 사는 식물   55
- 바다에 사는 식물   56
- 사막 식물   60
- 극지방 식물   64

송이의 비밀 노트 ③
식물의 분류와 발달   68
- 꽃이 없는 민꽃식물 1-균류와 조류   72
- 꽃이 없는 민꽃식물 2-선태식물과 양치식물   76
- 꽃이 피고 씨를 맺는 종자식물 1-겉씨식물   78
- 꽃이 피고 씨를 맺는 종자식물 2-속씨식물   79
- 식물은 어떻게 발달해 왔나?   82
- 식물을 어떻게 분류할까?   86

송이의 비밀 노트 ④
특별한 식물들   90
- 이 나라에 뿌리내리고 살래-귀화 식물   93
- 나 좀 얹혀살아도 될까?-기생 식물   96
- 식물인가, 동물인가?-벌레잡이 식물   100
- 식물도 운동을 한대요   104
- 나만 봐도 이곳을 알지-지표 식물   108
- 식물의 이름은 어떻게 지어졌을까?   110

송이의 비밀 노트 ⑤
식물의 쓰임새와 보호   114
- 약방의 감초   118
- 집을 짓고, 가구와 물건을 만들어요   122
- 냠냠, 우리 입에 쏙!   124
- 상처뿐인 영광, 영광뿐인 상처   128
- 식물을 본떠 만든 발명품   130
- 환경 오염과 식물 보호   134

에필로그   138

"송이야, 약풀 뜯으러 갈 건데, 같이 갈 테냐?"

"네, 할머니! 잠깐만요, 같이 가요!"

할머니는 커다란 바구니를 들고 집을 나섰어. 나는 얼른 조그만 바구니랑 돋보기랑 식물도감까지 챙겨 들고 할머니를 따라나섰지.

우리 할머니는 모르는 풀이나 나무가 없어. 식물도감 없이도 먹을 수 있는 좋은 풀만 잘도 골라서 뽑지. 그러고는 쑥으로 맛있는 떡을 해 주기도 하고, 민들레로 차를 끓여 주기도 하고, 미나리로 맛있는 반찬을 만들어 주기도 해. 어쩌다 배가 아픈 날이면 할머니는 매실차를 타 주고는 내 배를 계속 어루만져 주지.

"할미 손은 약손, 송이 배는 똥배, 할미 손은 약손, 송이 배는 똥배……."

할머니 손은 정말 약손인가 봐. 도돌이표가 계속되는 것만 같은 할머니

의 노래를 듣다 보면 나도 모르게 스르르 잠이 들고, 잠에서 깨면 배가 감쪽같이 낫곤 하거든.

아무래도 우리 할머니는 마녀인 것 같아. 세상 사람들에게 정체를 들킬까 봐 평범한 할머니인 척하는……. 그래서 나는 할머니를 졸졸 따라다니면서 마녀의 비법을 익히기로 했어.

마녀라면 일단 마법약을 잘 만들어야겠지? 그러려면 마법약의 재료가 되는 식물에 대해서 잘 알아야 해. 그래서 난 식물도감을 보면서 공부도 열심히 하고, 할머니를 따라다니면서 실제로 마법약 만드는 방법도 익히기로 마음먹었어.

송이의 비밀 노트 ❶

식물은
어떻게 이루어져 있나?

"할머니, 식물들도 고집이 있나 봐요."

"왜?"

"감는줄기는 그냥 아무렇게나 다른 식물을 감는 줄 알았더니, 식물마다 감는 방향이 다르잖아요. 나는 오른손잡이, 내 짝꿍 찬이는 왼손잡이, 그리고 할머니는 양손잡이인 것처럼요."

"할미가 양손잡이라고?"

"네, 할머니가 약풀 뜯을 때 보면 왼손 오른손 다 잘 쓰시던데요? 전 오른손밖에 못 쓰겠던데."

"그거야 할미가 바쁘다 보니 이손 저손 다 써 버릇해서 그런 거지."

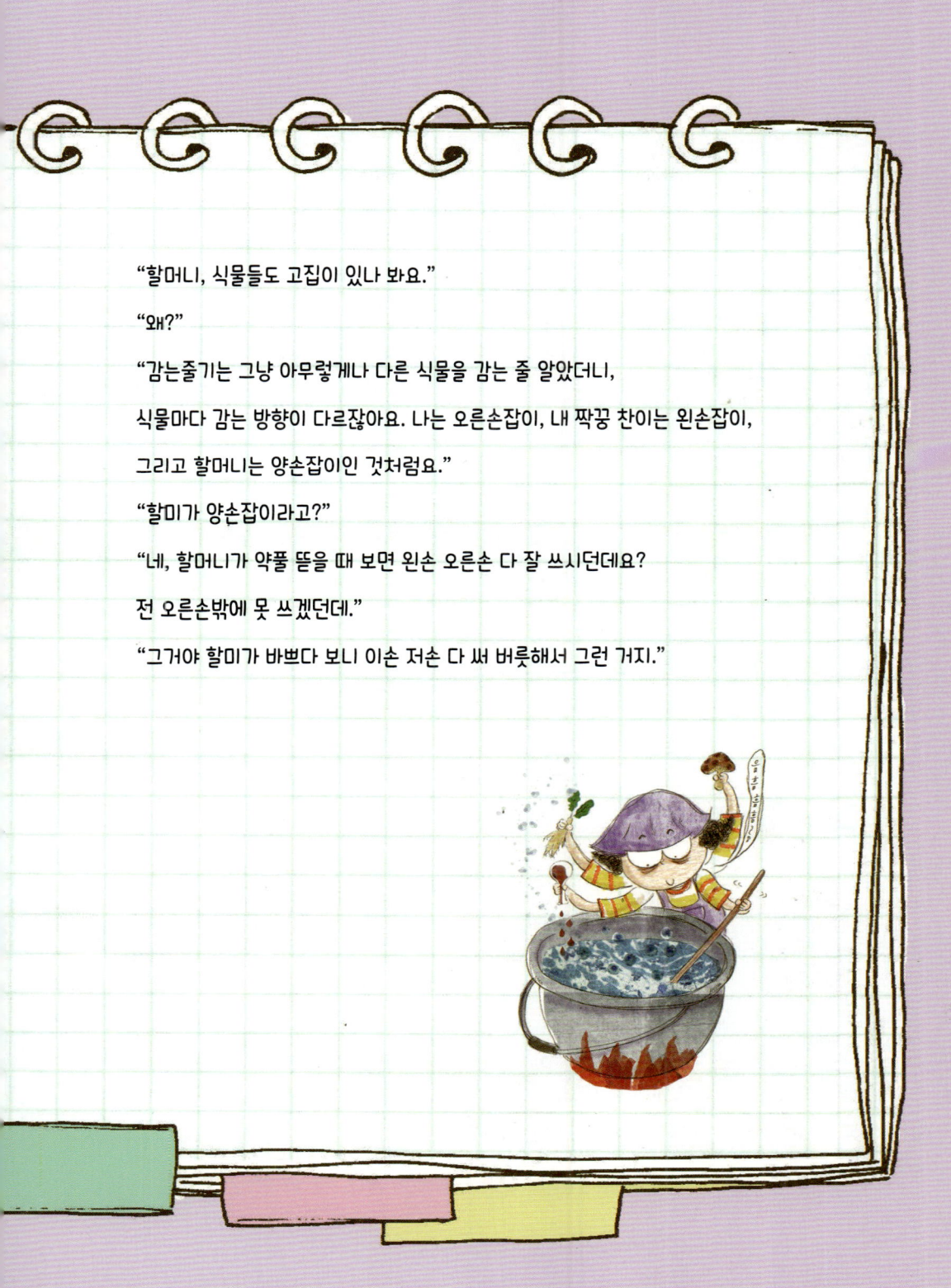

할머니를 따라 뒷동산에 올라오니 우리 동네가 한눈에 내려다보였어.

"송이야, 쑥이랑 민들레는 잎을 따고, 둥굴레랑 칡은 뿌리를 캘 거야. 냉이는 뿌리랑 잎을 다 먹을 거니까 조심해서 캐고, 알겠지?"

"엥, 복잡한데. 그냥 다 통째로 뽑아버리면 안 돼요?"

"그럼 쓰나. 우리가 필요한 부분만 따 가야지."

"잎이나 뿌리나 뭐 그게 그거 아녜요? 같은 식물인데 어딜 쓰나 다 똑같지 않나요?"

"아이고, 그럼 네 머리랑 발이랑 같냐? 모두 네 몸이지만 부분마다 쓰임새가 다르지."

나는 뜨끔했어. 덧셈 뺄셈을 처음 익힐 때, 머리를 써서 계산하는 대신 손가락과 발가락까지 써서 계산했던 기억이 떠올랐거든.

이런 생각을 하는 동안 할머니는 벌써 바구니 밑바닥을 다 덮을 만큼 풀을 뜯고 있었어. 할머니를 따라 나도 줄기와 뿌리를 나눠 가며 풀을 뜯기 시작했어.

● 물과 영양분을 쪽쪽, 땅속으로 쭉쭉! 식물의 뿌리

우리 몸이 머리, 몸통, 팔다리로 이루어졌다면 식물은 뿌리, 줄기, 잎으로 이루어져 있어.

뿌리는 식물이 쓰러지지 않고 서 있도록 받쳐 주고, 물과 영양분을 빨아들이는 일을 해. 호흡을 돕거나 양분을 모아 두기도 하지.

그런데 뿌리는 어떻게 단단한 땅속을 뚫어 가며 길게 자라는 걸까? 어린이들한테 '성장판'이 열려 있어서 자라는 것처럼, 뿌리에는 '생장점'이 있어서 자랄 수 있어. 성장판이 다치면 자랄 수 없는 것처럼 뿌리도 생장점이 다치면 자랄 수 없어. 그래서 생장점을 보호하기 위해 '뿌리골무'가 있단다.

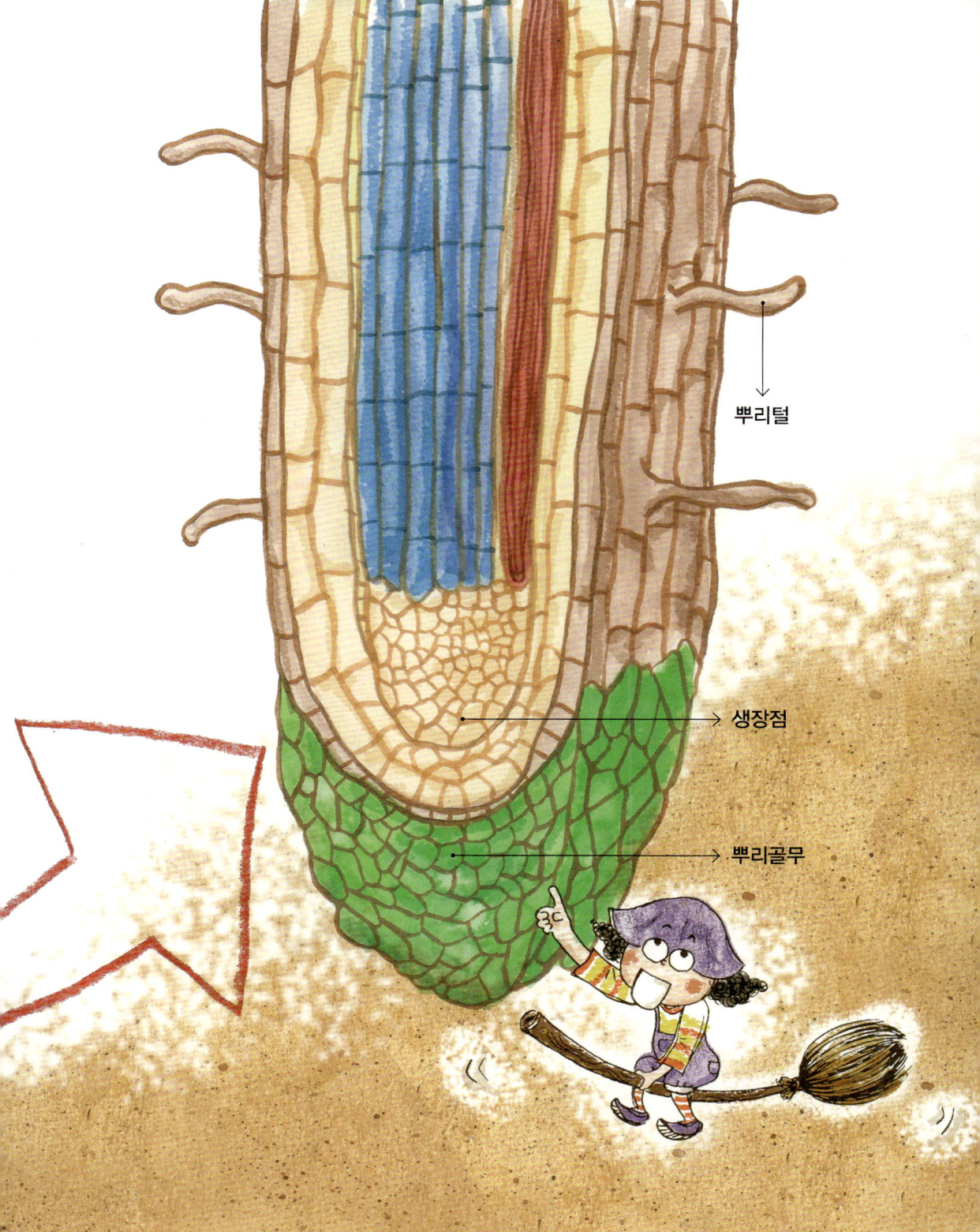

● **여러 가지 뿌리**

뿌리는 생김새에 따라 두 종류로 나눌 수 있어. 씨앗에서 나오는 떡잎이 2개인 쌍떡잎식물과 떡잎이 1개인 외떡잎식물은 서로 뿌리 모양이 달라. 쌍떡잎식물은 굵은 '원뿌리'에 가는 '곁뿌리'들이 나 있고, 외떡잎식물은 비슷비슷한 작은 뿌리들이 여러 개 달려 있어서 '수염뿌리'라고 불러.

뿌리가 양분을 모아 두기도 한다고 했지? 그런 뿌리를 '저장뿌리'라고 하는데, 우리가 잘 먹는 무가 바로 저장뿌리야. 우리가 먹는 식물들 가운데 고구마, 당근, 인삼 등이 모두 식물의 뿌리란다.

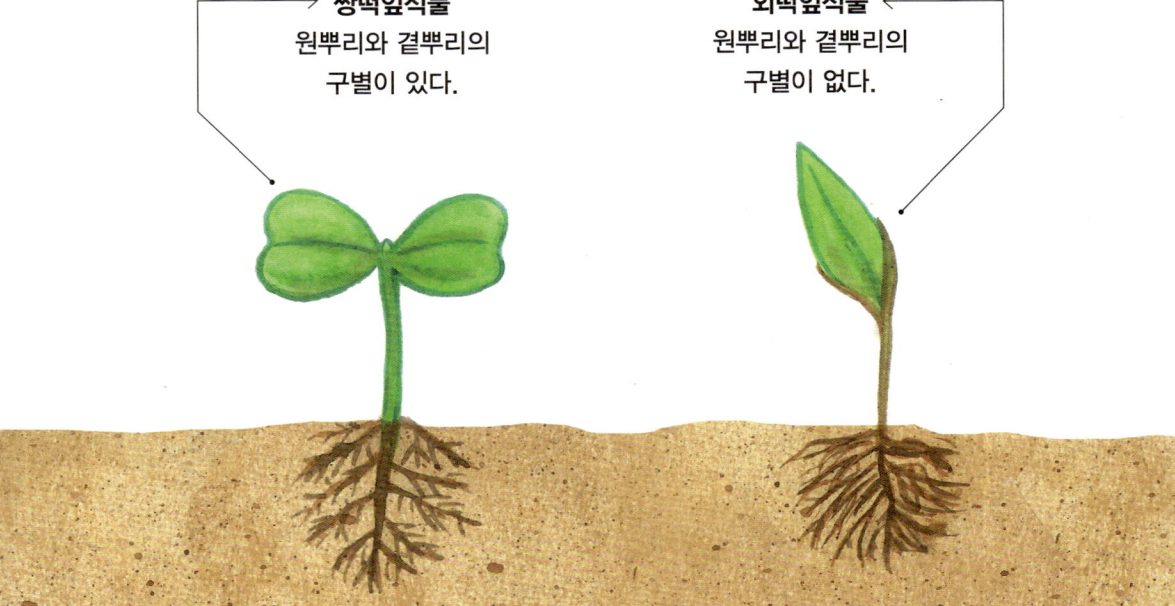

쌍떡잎식물
원뿌리와 곁뿌리의 구별이 있다.

외떡잎식물
원뿌리와 곁뿌리의 구별이 없다.

저장뿌리
부착뿌리
기생뿌리
호흡뿌리

　담쟁이는 줄기 중간중간 뿌리가 나와서 나무나 벽 같은 곳에 찰싹 붙어 있게 해 줘. 그런 뿌리를 '부착뿌리'라고 하지.
　겨우살이는 다른 식물에 뿌리가 파고들어서 그 식물로부터 영양분을 빨아들이는데, 그런 뿌리를 '기생뿌리'라고 한단다.
　뿌리가 숨을 쉴 수 있도록 땅 밖으로 나와 있는 경우도 있는데, 그런 뿌리를 '호흡뿌리'라고 해.

"아, 나한테도 부착뿌리가 있으면 얼마나 편리할까? 배트맨처럼 벽이나 천장에도 찰싹 붙을 수 있고. 그럼 마녀의 비밀이 숨어 있는 마법의 성벽을 찾아 기어오를 수 있을 텐데. 아직 마술 빗자루를 타고 날아다니지는 못하니, 내 손발에 부착뿌리를 달 수만 있다면!"

좋은 생각이 떠올랐어. 담쟁이의 부착뿌리를 달여서 내 손발에 발라 보는 거야. 그럼 나도 끈끈해진 손바닥 발바닥으로 담장을 타고 기어다닐 수 있을지도 몰라!

● 식물의 영양분이 오가는 길, 줄기

식물에는 물이 지나는 길과 영양분이 지나는 길이 따로 있어. 물이 다니는 길을 '물관', 영양분이 다니는 길을 '체관'이라고 해.

꽃들을 모아 묶은 것을 꽃다발이라고 하지? 이처럼 물관과 체관이 모여서 이루어진 부분을 '관다발'이라고 한단다. 관다발은 물과 영양분을 식물의 구석구석까지 날라 주는 일을 하니, 우리 몸의 혈관 같기도 하지.

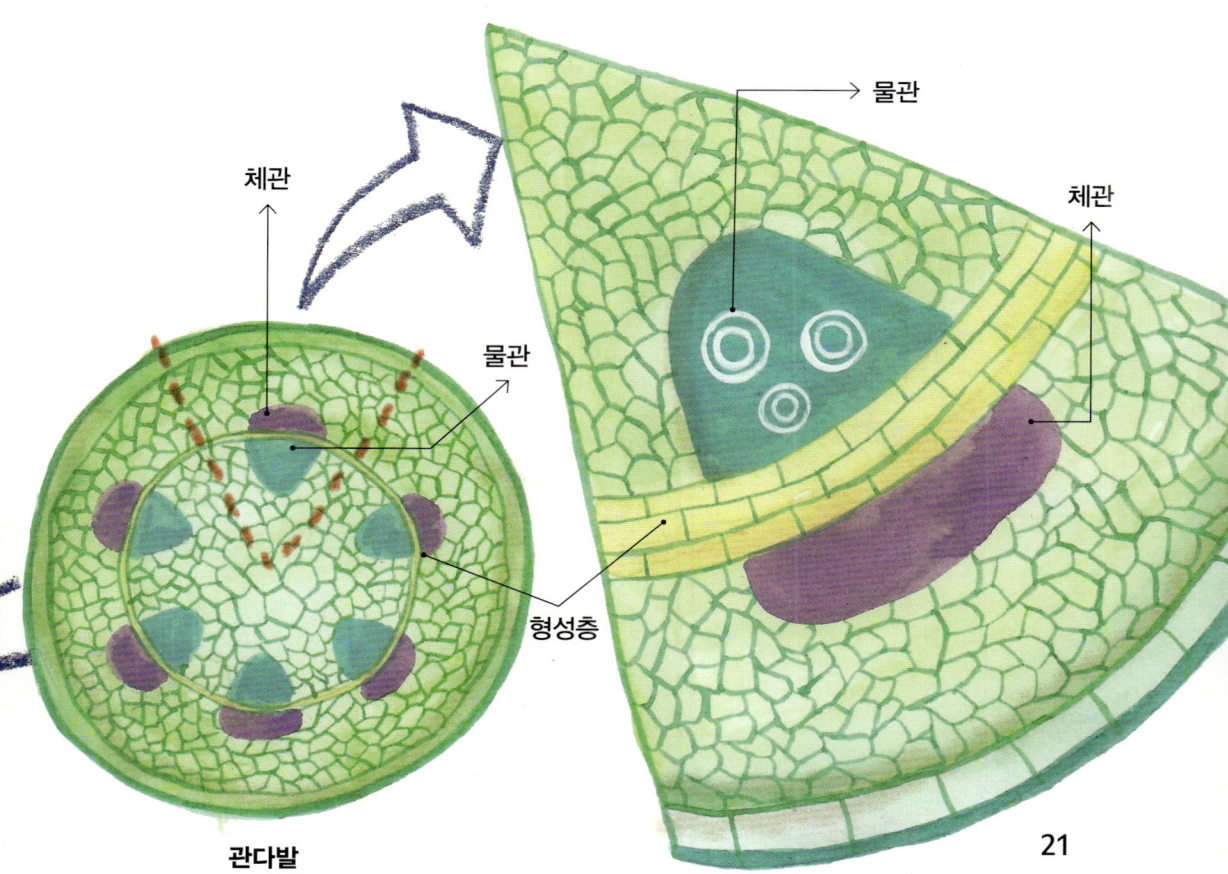

● **여러 가지 줄기**

줄기는 생김새에 따라 여러 가지로 나누어.

'줄기'라고 하면 가장 먼저 떠오르는 것이 벼나 수수처럼 곧게 서 있는 줄기지? 이런 줄기를 '곧은줄기'라고 불러.

어떤 줄기는 꼿꼿하게 서 있지 못하고 다른 식물이나 막대 따위를 감으면서 자라. 이런 줄기를 '감는줄기'라고 하는데, 나팔꽃, 등나무, 완두 등이 이것에 속해. 감는줄기는 식물마다 감는 방향이 달라. 나팔꽃은 시계 반대 방향으로, 등나무는 시계 방향

곧은줄기

기는줄기

으로 감아 올라가거든. 박이나 더덕처럼 양쪽 방향으로 다 감는 것도 있지.

땅 위를 기어가는 것처럼 땅 위에 납작하게 퍼지는 줄기도 있어. 이런 줄기를 '기는줄기'라고 하는데, 가만 살펴보면 줄기 마디마다 뿌리가 나와서 땅속으로 들어가고 있어. 양딸기가 그렇지.

땅 위가 아니라 땅속에 줄기가 있는 경우도 있어. 이것을 '땅속줄기'라고 하는데, 우리 밥상에 오르는 양파, 감자, 토란, 연근 등이 바로 땅속줄기야.

나팔꽃은 시계 반대 방향으로 감으면서 자라.

땅속줄기　　　　　　　　　　　　　　　감는줄기

"할머니, 식물들도 고집이 있나 봐요."

"왜?"

"감는줄기는 그냥 아무렇게나 다른 식물을 감는 줄 알았더니, 식물마다 감는 방향이 다르잖아요. 나는 오른손잡이, 내 짝꿍 찬이는 왼손잡이, 그리고 할머니는 양손잡이인 것처럼요."

"할미가 양손잡이라고?"

"네, 할머니가 약풀 뜯을 때 보면 왼손 오른손 다 잘 쓰시던데요? 전 오른손밖에 못 쓰겠던데."

"그거야 할미가 바쁘다 보니 이손 저손 다 써 버릇해서 그런 거지."

"저도 이손 저손 다 쓰는 연습을 해서 양손잡이가 될 거예요. 오른손으로 약풀을 뜯어 넣고 왼손으로 젓고. 그럼 더욱 실력 있는 마녀가 될 테니까요."

"뭣이 된다고?"

"아, 할머니를 잘 돕도록 실력을 키운다고요."

할머니한테 내 속셈을 들키는 줄 알고 깜짝 놀랐지 뭐야.

나는 얼른 약풀을 찾는 척하며 자리를 옮겼어.

"쑥은 잎을 따라고 했죠? 할머니, 저는 저쪽에서 딸게요."

● 숨을 쉬고 영양분을 만드는 잎

동물은 영양분을 스스로 만들 수 없기 때문에, 식물이든 다른 동물이든 뭔가를 먹어야만 살아갈 수 있어. 하지만 녹색 식물은 스스로 영양분을 만들 수 있는데, 식물의 잎에서 바로 그런 일을 한단다.

식물의 잎에는 '엽록소'라고 하는 초록색 알맹이들이 많이 있어. 엽록소를 가진 녹색 식물은 햇빛을 받으면 영양분을 만들어 낼 수 있지. 이런 과정을 '광합성'이라고 하는데, 이때 이산화 탄소를 마시고 산소를 내쉬어. 사람이나 동물은 숨을 쉴 때 산소를 마시는데, 식물 덕분에 산소가 풍부한 맑은 공기를 마실 수 있는 거지.

그런데 광합성은 햇빛이 필요하기 때문에 낮에만 일어나. 햇빛이 없는 밤에는 광합성을 하지 않기 때문에, 식물도 동물과 마찬가지로 산소를 마시고 이산화 탄소를 내쉰단다.

식물의 잎은 뿌리에서 쓰고 남은 물을 끌어올려 공기 속으로 내보내는 일도 한단다.

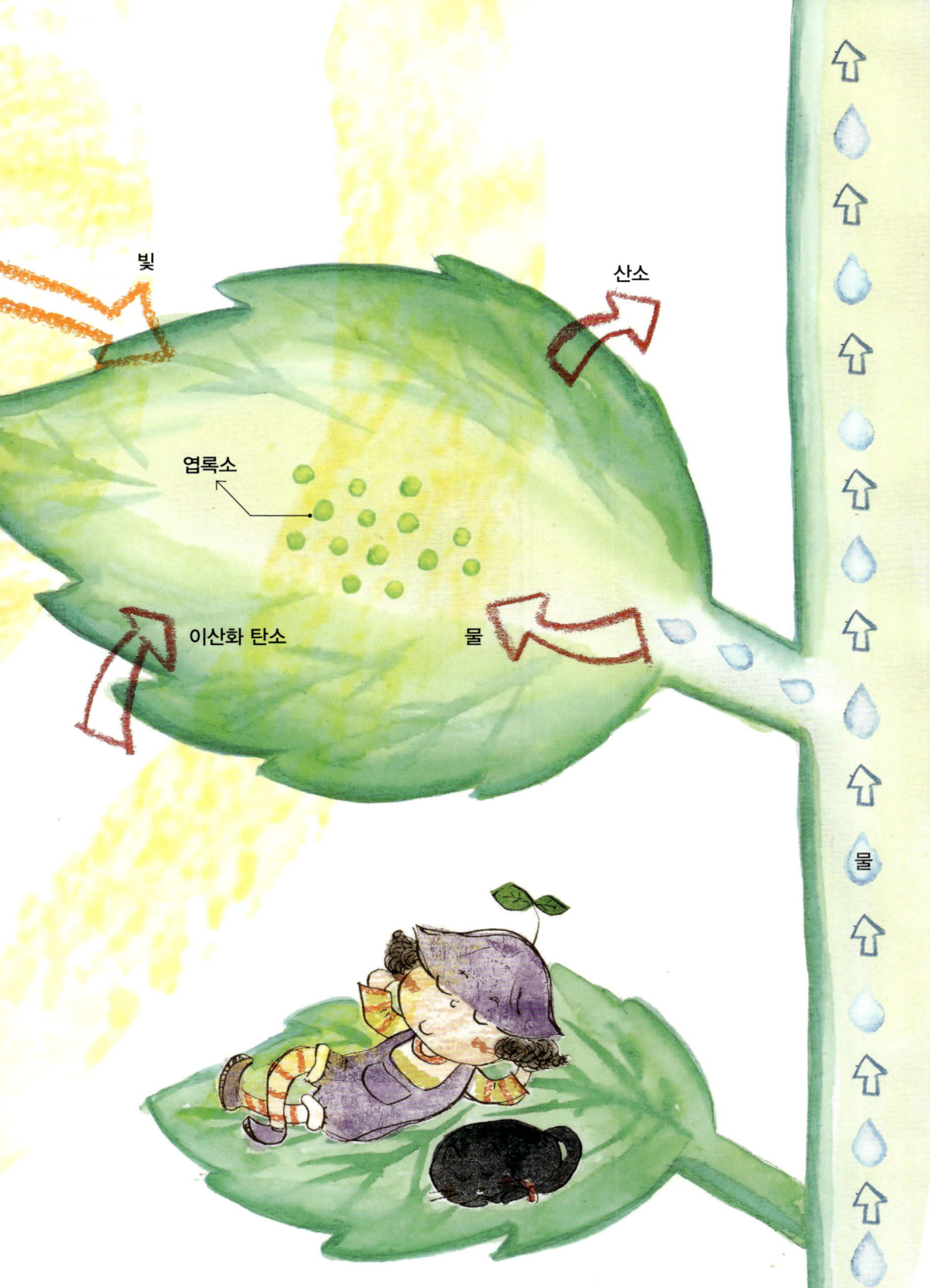

"오, 광합성이야말로 마법 같아. 뭘 먹지 않고 햇빛만 받아도 영양분을 만들 수 있다니! 그러려면 엽록소가 있어야 하니까, 앞으로 몸에 초록색을 칠하고 초록색 옷만 입고 다녀야겠어! 그럼 나도 광합성을 할 수 있을지도 몰라. 맑은 산소를 내뿜는 나무 같은 마녀, 초록마녀가 되는 거야!"

나는 약풀을 뜯으면서 초록색 잎사귀들도 많이 주웠어. 이걸로 초록 염료를 만들어 몸에도 바르고 옷도 물들여야지!

나란히맥
(조릿대)

그물맥
(벚나무)

쌍갈래맥
(은행나무)

● **여러 가지 잎**

　잎은 생김새가 아주 다양해. 잎의 줄기를 잎맥이라고 하는데, 잎맥의 모양에 따라 나란히맥, 그물맥, 쌍갈래맥으로 나눌 수 있어. '나란히맥'은 잎맥이 나란히 한 방향을 향하고 있어. 벼, 조릿대, 닭의장풀 등이 나란히맥이지. '그물맥'은 잎맥이 그물 모양인데, 해바라기, 수국, 벚나무 등이 그물맥 식물이야. '쌍갈래맥'은 잎맥이 양쪽으로 갈라져 있는데, 은행나무가 바로 쌍갈래맥 식물이란다.

　잎이 나는 모양도 여러 가지야. 술패랭이처럼 잎이 서로 마주 보면서 한 쌍씩 나는 것을 '마주나기'라고 해. 느티나무처럼 잎이 양쪽으로 서로 빗겨 가면서 나는 것을 '어긋나기'라고 하지. 그리고 수뤼나물처럼 잎이 꽃잎처럼 가운데를 중심으로 빙 둘러 가며 나는 것을 '둘러나기'라고 한단다.

마주나기
(술패랭이)

어긋나기
(느티나무)

둘러나기
(수뤼나물)

초록색 잎들을 모으면서 살펴보니, '찬이가 나를 좋아할까, 아닐까?' 하면서 나뭇잎을 하나씩 땄던 기억이 떠올랐어. 나뭇잎을 하나씩 따면서 점쳐 보는 거지.

"좋아한다, 좋아하지 않는다, 좋아한다, 좋아하지 않는다……."

그때는 몰랐지만, 이런 나뭇잎 점은 주로 '어긋나기'로 난 나뭇잎으로 했다는 것을 깨달았어. '마주나기'로 난 잎이라면, 끝까지 따 보나마나 답이 뻔할 테니까 말이야.

좋아, 앞으로는 나뭇잎 점을 치지 않겠어! 첫째는 자연 보호를 위해서. 둘째는 실력 있는 마녀라면 나뭇잎보다는 구슬을 들여다보며 미래를 점쳐야 되지 않겠어?

● 알록달록 곱고 예쁜 꽃

꽃이 하는 일은 열매를 맺고 씨를 자라게 하는 거야. 수술의 꽃가루가 암술머리에 닿아야 열매가 생기지. 그런데 수술과 암술은 어떻게 만나는 걸까?

먼저 화려한 색과 모양으로 곤충을 불러들이는 꽃들이 있어. 벌이나 나비 등 곤충이 꽃에 앉았다가 몸에 수술의 꽃가루를 묻힌 채 암술머리에 앉으면 열매를 맺게 되지. 이런 꽃을 '충매화'라고 하는데, 복숭아꽃이나 과꽃 등이 충매화에 속해.

달콤한 꿀이 있는 꽃에는 벌새나 동박새 등 새들이 다가가 꿀을 빨아먹지. 이렇게 새들이 옮겨 다니며 꽃가루를 전해 줘서 열매를 맺게 하는 꽃을 '조매화'라고 하는데, 동백꽃이 바로 조매화란다.

벼꽃이나 보리꽃 등은 화려한 색이나 향기가 없어 곤충이

나 새가 찾아가지 않아. 그 대신 바람이 꽃가루를 날라 주기 때문에 '풍매화'라고 해. 풍매화의 꽃가루는 바람에 잘 날리도록 아주 가볍고 양도 많단다.

한편 나사말처럼 물에서 자라는 식물은 물이 꽃가루를 날라 주기 때문에 '수매화'라고 해. 수꽃이 떨어져 물 위를 떠다니면 꽃가루가 물결을 따라 퍼져 나가겠지? 그러다가 암꽃에 묻어서 열매를 맺게 되는 거란다.

"아, 이 꽃들은 정말 그림 같아!"

옛날부터 화가들은 꽃과 풀을 많이 그려 왔어. 특히 신사임당은 꽃과 풀과 벌레를 많이 그렸는데, 신사임당이 그린 벌레가 진짜인 줄 알고 닭이 쪼아 먹으려고 했다는 이야기도 전해 내려오지. 그럼 혹시 화가가 그린 꽃이 진짜인 줄 알고 꿀을 빨아먹으려고 다가간 곤충이나 새는 없었을까?

나는 휴대 전화로 예쁜 꽃들을 찰칵찰칵 찍었어. 실력 있는 마녀라면 꽃 사진에도 향기를 풍기게 하는 마법을 부릴 수 있어야지. 그럼 내 꽃 사진에 벌이나 나비가 날아올지도 몰라.

● **여러 가지 꽃**

　꽃은 생김새에 따라 통꽃과 갈래꽃으로 나누어. '통꽃'은 꽃잎이 붙어 있고, '갈래꽃'은 꽃잎이 따로따로 떨어져 있어. 나팔꽃은 꽃잎이 따로따로 떨어져 있지 않고 나팔처럼 하나로 이어져 있으니 통꽃이야. 장미꽃처럼 꽃잎이 하나하나 따로 떨어져 있는 건 갈래꽃이지.

　꽃은 구조에 따라 갖춘꽃과 안갖춘꽃으로 나누기도 해. '갖춘꽃'은 꽃잎, 꽃받침, 암술, 수술을 모두 갖고 있고, '안갖춘꽃'은 꽃잎, 꽃받침, 암술, 수술 가운데 없는 것들이 있단다.

"할머니, 여기 진달래꽃이 많이 피었어요. 이걸로 꽃부침개 해 먹어요!"

"우리 송이가 진달래 화전 맛을 아는구나. 그래, 진달래 꽃잎 좀 따 가자. 진달래랑 철쭉은 어떻게 다른지 아니?"

"그럼요, 진달래는 먹을 수 있고, 철쭉은 못 먹잖아요."

"허허, 그래. 네 말도 맞다. 진달래 꽃잎은 부침개를 해 먹을 뿐만 아니라, 술도 담가 먹고 약으로 쓰기도 해. 피를 잘 통하게 하고 기침을 멎게 하거든. 진달래 꽃잎을 꿀에 재어 먹으면 천식에 좋단다. 하지만 철쭉은 독성이 있어서 먹으면 안 돼. 진달래랑 철쭉을 어떻게 구별할까?"

"음, 둘 다 봄꽃이지만 진달래가 먼저 피고 철쭉은 좀 더 늦게 피어요."

"맞아. 하지만 더 쉽게 구별하는 방법이 있지. 진달래는 꽃받침이 없고, 철쭉은 꽃받침이 있어. 그리고 진달래는 꽃부터 핀 다음 잎이 나고, 철쭉은 잎부터 난 다음 꽃이 핀단다."

"아하, 그럼 이 꽃들은 진달래가 틀림없네요. 꽃받침이 없으니까요. 그리고 꽃만 피었지 아직 잎들도 안 났잖아요."

"허허, 그래. 맞다."

할머니는 나를 기특하다는 표정으로 바라보셨어.

나는 진달래를 따로 조금 챙겼어. 왜냐고? 마녀의 비밀 마법약을 만들어 보기 위해서지.

● **탐스러운 열매**

꽃이 피어 꽃가루가 암술머리에 묻으면 열매가 생긴다고 했지? 좀 더 자세히 말하자면 꽃가루가 암술머리에 붙는 것을 '수분', 꽃가루가 씨방 속 밑씨와 만나는 것을 '수정'이라고 해. 수분과 수정은 비슷한 말처럼 쓰이지만, 정확히 말하면 수분이 일어난 뒤 수정이 일어나고, 수정이 되어야 비로소 열매가 생기는 거야.

꽃이 아름다운 색과 모양으로 곤충과 새들을 부르는 역할을 한다면 열매는 좋은 맛과 향으로 동물들을 부르는 역할을 해. 그럼 동물들이 열매를 먹고 나서 똥으로 씨를 멀리멀리 퍼뜨리는 거야.

"할머니, 냉이도 열매 맺어요?"

나는 냉이의 잎과 뿌리를 조심조심 캐다가 할머니에게 물었어.

"그럼, 꽃도 피고 열매도 맺지. 냉이 열매가 얼마나 예쁜 줄 아니?"

"냉이 뿌리랑 잎은 반찬으로 많이 먹었지만 열매는 있는 줄도 몰랐어요. 어떻게 생겼는데요?"

"냉이 열매는 심장 모양이야. 네가 좋아하는 하트처럼 생겼지."

"와, 신기하다. 나중에 냉이 열매 달리면 꼭 보러 와요."

냉이는 약효가 아주 다양하대. 위나 폐가 안 좋을 때, 머리나 배가 아플 때, 변비나 설사를 할 때, 아기를 낳고 몸이 약해졌을 때 등 수많은 약효가 있다는 거야. 그럼 혹시 사람의 마음에도 효과를 보이지 않을까?

그래, 하트처럼 생긴 냉이 열매는 사랑의 묘약을 만드는 데 넣어 봐야지. 찬이한테 먹일 약이냐고? 아니, 뭐 꼭 그런 것은 아니고……, 마녀라면 사랑의 묘약쯤은 당연히 만들 수 있어야 하지 않겠어?

● 자라서 다시 새로운 식물이 되는 소중한 씨

씨는 씨껍질, 배, 배젖으로 이루어져 있어. 배는 자라서 식물이 되는 부분이고, 배젖은 배가 자라는 데 필요한 양분이 들어 있어. 아기가 엄마 젖을 먹고 영양분을 얻듯이, 배는 배젖을 통해 양분을 얻는 거지. 이렇게 중요한 배와 배젖을 보호하기 위해 단단한 씨껍질이 배와 배젖을 둘러싸고 있단다.

대개 외떡잎식물의 씨에는 배와 배젖이 있지만, 쌍떡잎식물의 씨에는 배젖은 없고 배만 있어. 외떡잎식물은 떡잎이

배젖
씨껍질
배
외떡잎식물
벼

하나뿐이지만 쌍떡잎식물은 떡잎이 2개 있어서 배젖 대신 바로 그 커다란 떡잎에 양분이 저장되어 있는 거야.

  씨가 퍼지는 방법은 여러 가지가 있어. 꽃이 열매를 맺을 때와 마찬가지로 새, 곤충, 파도, 바람 등이 도와주기도 하고, 열매가 충분히 익으면 열매껍질이 저절로 터지면서 씨를 퍼뜨리기도 해. 다람쥐는 겨울잠을 자기 전에 도토리를 모아다 땅속에 묻어 두기도 하는데 이런 동물들의 습성이나 동물들의 똥을 통해 씨가 퍼지는 경우도 있단다.

배
떡잎
씨껍질
강낭콩
쌍떡잎식물

집에 돌아와 할머니가 부쳐 준 진달래 부침개랑 딸기를 먹었어. 할머니를 따라 약풀을 따러, 사실은 마법약 재료를 구하러 돌아다녔더니 배가 고파서 간식은 아주 꿀맛이었지.

"맛있는 딸기도 결국 씨를 퍼뜨리기 위해 이렇게 예쁘고 달콤한 열매를 맺었구나! 딸기는 씨가 많아서 잘 퍼질 수 있겠어."

이런 생각을 하니 올망졸망 딸기들도 자기 몫을 다 해낸 것이 기특해 보였어.

간식을 다 먹고 할머니가 낮잠을 주무시는 사이, 나는 오늘 모은 마법약 재료를 꺼냈어. 오늘은 두 개의 마법약을 만들 거야.

<비밀의 마법약>

1. 전기 주전자에 둥굴레와 칡뿌리를 물과 함께 넣고 끓인다.

2. 물이 보글보글 끓으면 쑥, 냉이, 민들레 잎을 넣는다.

3. 딸기씨를 퉤퉤 뱉어 넣는다. (이 부분이 아주 어렵다. 딸기씨는 따로 뱉기가 어려워서 일일이 골라내야 하니까. 이때 주문을 건다. "딸기씨처럼, 하늘의 별처럼 엄청 많은 약효가 생겨라, 송알송알 반짝반짝!")

4. 불을 끄고 적당히 식힌 다음 진달래 꽃잎을 동동 띄운다.

<초록마녀 변신약>

1. 오늘 따온 잎 중 초록색 잎을 절구에 빻아 즙을 만든다.

2. 1번에 물을 적당히 타면서 주문을 건다. "푸릇푸릇 초록이 돼라, 초롱초롱 초록이 돼라!"

3. 물들일 헝겊을 2번에 넣고 빨래하듯 주무른다. (일단 손수건을 물들여 빨랫줄에 널고, 남은 초록마녀 변신약은 냉장고에 넣었어. 햇빛이 좋은 날, 초록마녀 변신약을 내 몸에 바르고, 물들인 초록 손수건을 덮고 풀밭에 나가 누워 있을 거야. 그럼 나도 식물처럼 광합성을 해서 맑은 산소를 내뿜을지도 몰라. 음하하하!)

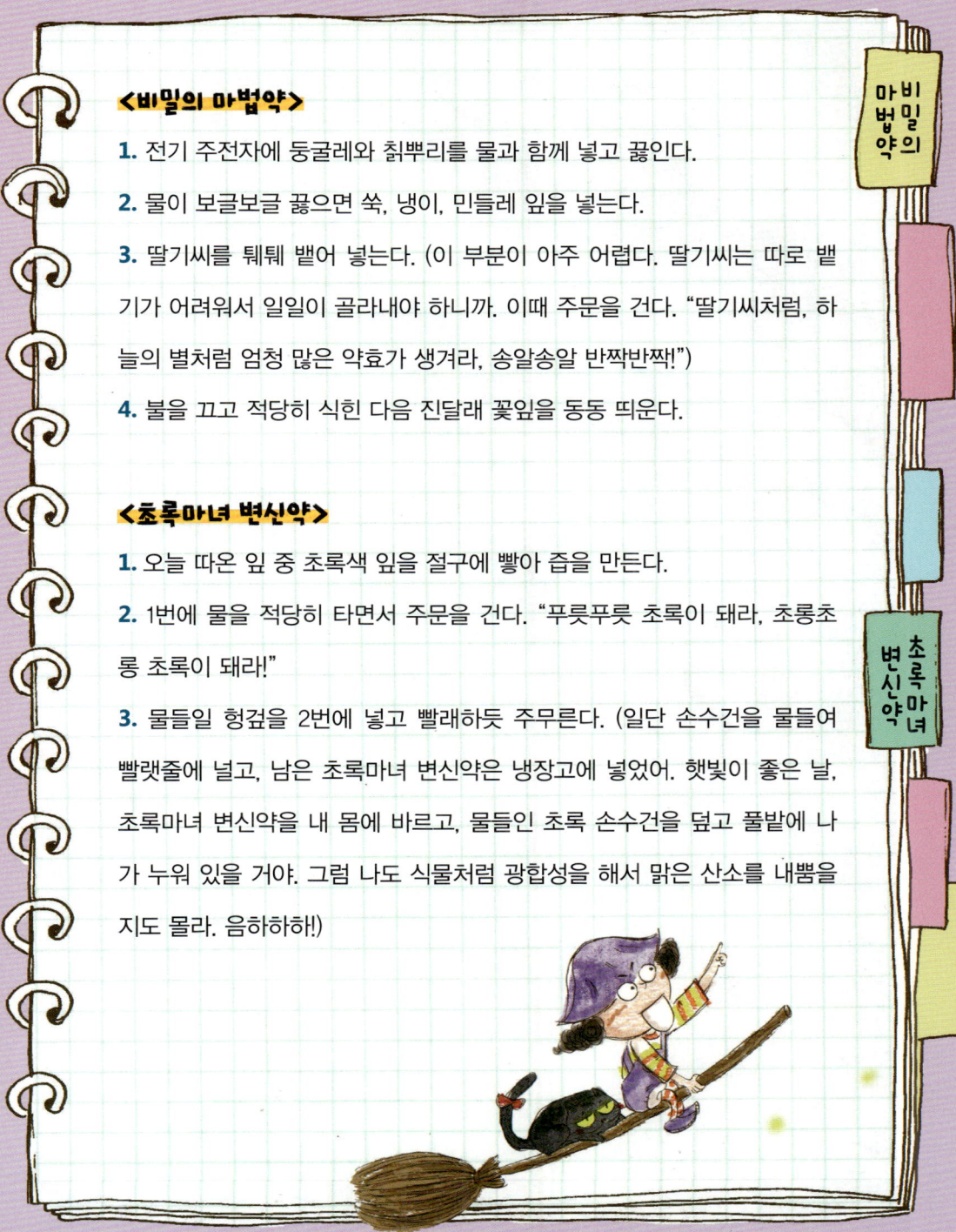

송이의 비밀 노트 ❷
식물이 사는 곳

내가 만든 신비로운 마법약을 살짝 맛만 보았을 뿐인데,

난 깜짝 놀랄 효과를 보고 말았어.

"웩, 이게 뭐야? 퉤퉤!"

당장 뱉어 버릴 맛이어서 다음 날까지 입맛을 싹 잃었거든.

하루에 몇 번씩이나 "배고파!"를 입에 달고 사는 내가 말이야.

이 정도면 정말 효과 좋은 약이라고 말하고 싶지만,

솔직히 말하자면 그건 부작용이라고 해야겠지.

내가 만들려고 한 약은 입맛을 잃는 약은 아니었으니까 말이야.

지난번 마법약 실험은 어떻게 됐냐고? 절반의 실패, 아니 절반의 성공이라고나 할까?

초록마녀 변신약으로 물들인 손수건은 초록물이 좀 들긴 했어. 물들였다기보다 얼룩진 것처럼 보이긴 했지만.

나중에 할머니가 보시더니 마녀의 비법을 가르쳐 주셨지.

"아무 나뭇잎이나 그냥 빻아서 만들었구나. 요즘 제철인 쑥을 쓰면 초록물을 곱게 잘 들일 수 있는데. 쑥을 갈아도 되고, 쑥을 끓여도 돼. 생쑥뿐만 아니라 말린 쑥을 끓이는 방법도 있지. 잿물이나 다른 약물도 넣어야 하니 너 혼자 하긴 힘들 거야. 나중에 할미랑 같이 해 보자. 그래도 제법이네."

제법이라는 말에 난 어깨가 으쓱해졌어.

<알록달록 마법약>

1. 생쑥은 초록색, 말린 쑥은 갈색으로 물들일 수 있다.

2. 쪽의 잎으로 만든 염료는 새파란 바다 같은 쪽빛, 즉 진한 남색이 된다.

3. 치자로 만든 노란 염료는 먹을 수 있어서 과자나 떡 등 음식에 많이 쓴다.

4. 이 밖에도 꽃창포는 보라색, 머위와 참취는 진갈색으로 물들일 수 있다.

　초록마녀 변신약은 절반의 성공이지만, 비밀의 마법약은 아주 성공적이었어. 갖가지 좋은 약뿌리에, 약풀에, 딸기씨를 뱉으면서 내 귀한 침까지 들어간 약물이니 몸에 나쁠 리가 없잖아? 그걸 마시고 나니 똥도 잘 나오고, 잠도 잘 오고……, 아주 약효가 그만이었어.

　평소에 똥을 못 누거나 잠을 못 자냐고? 아니, 뭐 꼭 그런 건 아니지만……. 내가 만든 약이 나빴다면 똥도 안 나오고 잠도 못 잤을 테니까, 몸에 좋은 마법약인 것은 틀림없지!

그런데 좋다는 약풀은 대충 '적당히' 넣고 '적당히' 끓인 거라, 다시는 똑같은 걸 만들 수 없다는 게 탈이야. 주문도 꽤 길게 걸었는데, 다 까먹어 버렸지 뭐야. 다음부터는 무엇무엇을 언제 어떻게 얼마만큼 넣고 만들었는지 더 꼼꼼하게 적어 둬야겠어. 이렇게 훌륭한 마법약을 만들어도 아무도 몰라주는 게 아쉽지만, 원래 마녀는 외로운 법이니까 할 수 없지.

 이번 주에는 외로운 마녀의 생활을 잠시 접고 모처럼 쉬기로 했어. 가족 여행을 가기로 했거든. 그래도 당연히 식물도감과 채집통은 챙겼어. 새로운 곳에 새로운 약풀이 있을 수도 있으니까. 마녀에게 완전한 휴가란 없다고. 찬이한테 줄 네잎클로버도 찾아볼 거야.

● 들과 산에 사는 식물

들과 산에는 여러 가지 풀과 나무가 살아. 1년만 사는 '한해살이'도 있고, 몇 년 이상 오래 사는 '여러해살이'도 있지. 나팔꽃 같은 한해살이는 봄에 싹이 터서 겨울에 씨를 남기고는 시들어 버려. 하지만 참나무나 소나무 같은 여러해살이는 몇 년씩 자라면서 해마다 씨를 만들어. 이처럼 계속 자라는 여러해살이는 보통 키도 크고 줄기도 굵어. 뿌리가 깊고 줄기와 잎이 발달해서 햇빛을 많이 쐴 수 있지.

세상에서 가장 큰 나무가 뭔지 아니? 흔히 세쿼이아 나무로 알려진 레드우드인데, 당연히 여러해살이지. 이 나무는 키가 90미터도 넘게 자란단다.

한해살이

여러해살이

나무가 우거진 곳을 숲이라고 하는데, 상록수 숲과 낙엽수 숲이 있어. '상록수 숲'은 1년 내내 잎이 푸른 나무로, '낙엽수 숲'은 가을이면 잎을 다 떨어뜨리는 나무로 이루어져 있지. 떨어진 나뭇잎을 낙엽이라고 하는데, 낙엽은 숲에 중요한 역할을 해. 땅을 따뜻하게 덮어 주고, 숲이 물을 저장하도록 도와주거든. 그래서 낙엽수 숲은 영양분이 풍부하고 식물의 종류도 다양하단다.

광합성을 하려고 초록마녀 손수건을 배에 덮고 숲에 누워 하늘을 올려다 보니 잠이 솔솔 올 것만 같아. 그런데 가만, 나뭇잎들이 서로 겹치지 않게 나 있네? 나는 신기해서 할머니께 물었어.

"할머니, 그거 아세요? 나뭇잎들이 마치 서로 피하는 것처럼 엇갈려 나 있어요."

"그럼. 자연도 지혜가 있단다. 그렇게 해야 빽빽한 숲에서도 나무들이 저마다 햇빛을 최대한 받을 수 있거든. 잎뿐만 아니라 뿌리도 노력하지. 서로 물과 영양분을 많이 얻으려고 저마다 깊게깊게 뿌리를 내리거든."

나는 하늘 바탕에 찍힌 예쁜 초록색 무늬 같은 나뭇잎들을 한참이나 바라보았어. 나도 광합성을 하기 위해 다른 나뭇잎들과 그림자도 겹치지 않도록 피해서 누운 채 말이야.

● **고산 식물**

　아주 높은 산은 춥고 바람도 세게 불어. 그 때문에 나무가 살기 힘들어. 이처럼 나무가 무리 지어 살기 어려워지는 경계선을 가리켜 '삼림 한계선'이라고 해. 이런 삼림 한계선을 넘는 높은 산에도 식물이 사는데, 이를 '고산 식물'이라고 불러. 춥고 바람이 세기 때문에 낮은 지역의 식물과는 다른 모양을 가진 경우가 많아. 대개 키가 작고 잎이 많지.

　고산 식물은 모양뿐만 아니라 자라는 속도도 달라. 높은 산은 식물이 자랄 수 있는 따뜻한 계절이 짧기 때문에, 식물도 아주 부지런해질 수밖에 없거든. 그래서 고산 식물은 여름이 되자마자 약속이나 한 것처럼 부지런히 꽃을 피운단다.

눈잣나무

앵초

바람꽃

산초롱꽃

에델바이스

우리는 산을 내려와 연못가에 있는 식당에서 밥을 먹었어. 식당에는 큰 유리창이 있어서 연못을 내다보며 밥을 먹을 수 있어.

"송이야, 저기 좀 봐. 연이 많네!"

아빠가 창밖을 가리켰어.

"연? 나도 연 날리고 싶은데, 연이 어디 있어요?"

아무리 봐도 연은 보이지 않았지.

"하하, 저기 연잎 보이지? 저 식물 이름이 연이야. 연꽃은 연의 꽃, 연잎은 연의 잎이지."

아빠는 내가 속아 넘어간 게 재미있는지 큰 소리로 웃었어.

● **연못과 늪에 사는 식물**

　연못이나 늪에 사는 식물에는 부엽 식물, 추수 식물, 침수 식물이 있어.

　연못에 사는 식물로 대표적인 것은 연이야. 물에 빠졌던 심청이 타고 돌아왔다는 연꽃 알지? 연꽃은 바로 연의 꽃이란다. 우리가 반찬으로 먹는 연근은 연뿌리라는 뜻이지만 사실은 연의 줄기야. 진짜 연뿌리는 연못 바닥 진흙 속에 박혀 있고, 연의 줄기가 물을 지나 공기 밖에 있는 잎까지 뿌리와 이어 주는 거야.

　연근을 잘라 보면 구멍이 송송 뚫려 있지? 잎에서 빨아들인 공기를 줄기로 보내기 위해 줄기 속에 공기가 통하는 길이 뚫려 있기 때문이야. 연잎을 살펴보면 아주 가는 털이 나 있어. 그래서 연잎은 물 위에 살면서도 물에 젖지 않고 물방울을 또르르 굴려 떨어뜨리지.

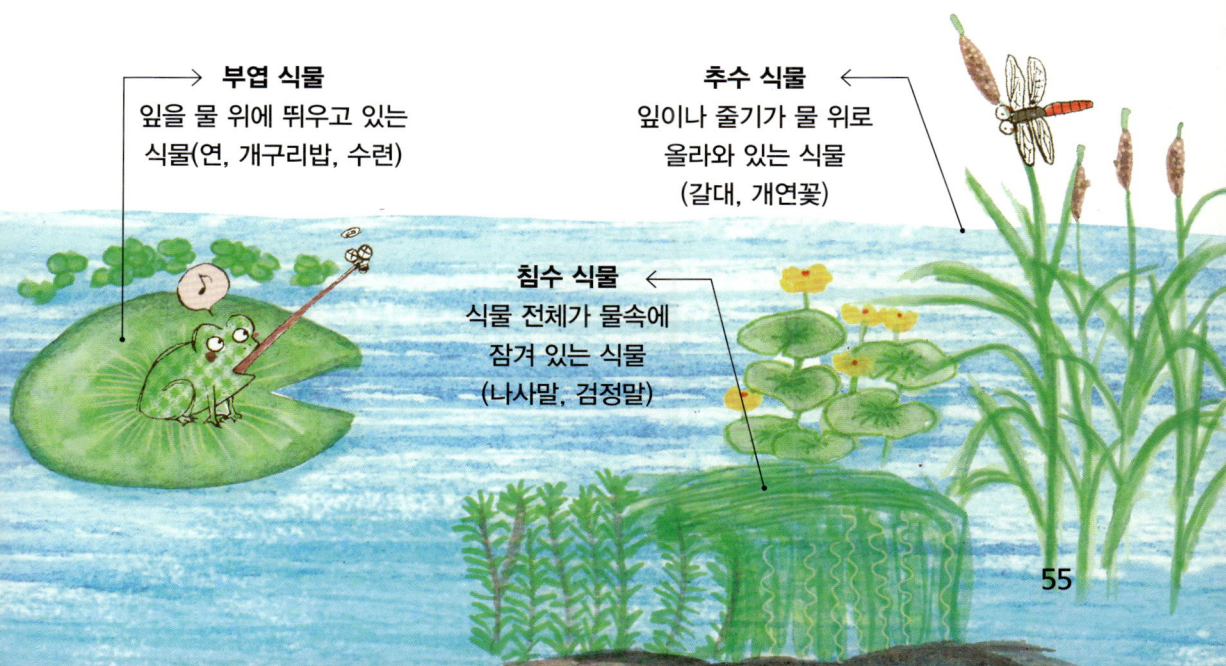

부엽 식물
잎을 물 위에 띄우고 있는 식물(연, 개구리밥, 수련)

추수 식물
잎이나 줄기가 물 위로 올라와 있는 식물
(갈대, 개연꽃)

침수 식물
식물 전체가 물속에 잠겨 있는 식물
(나사말, 검정말)

"할머니, 수생 식물은 물을 맑게 해 준대요."

"해조류는 우리 몸의 피도 맑게 해 주지. 미역, 김, 다시마 같은 것 말이야. 그러니까 편식하지 말고 골고루 잘 먹으렴."

할머니 말씀대로 피가 맑은 건강한 마녀가 되기 위해서 앞으로 해조류도 잘 먹겠어!

● **바다에 사는 식물**

바닷가는 모래밭이라 비가 와도 금세 스며들어 버려. 그래서 갯씀바귀, 갯방풍, 갯메꽃 등 모래밭에 사는 식물은 땅

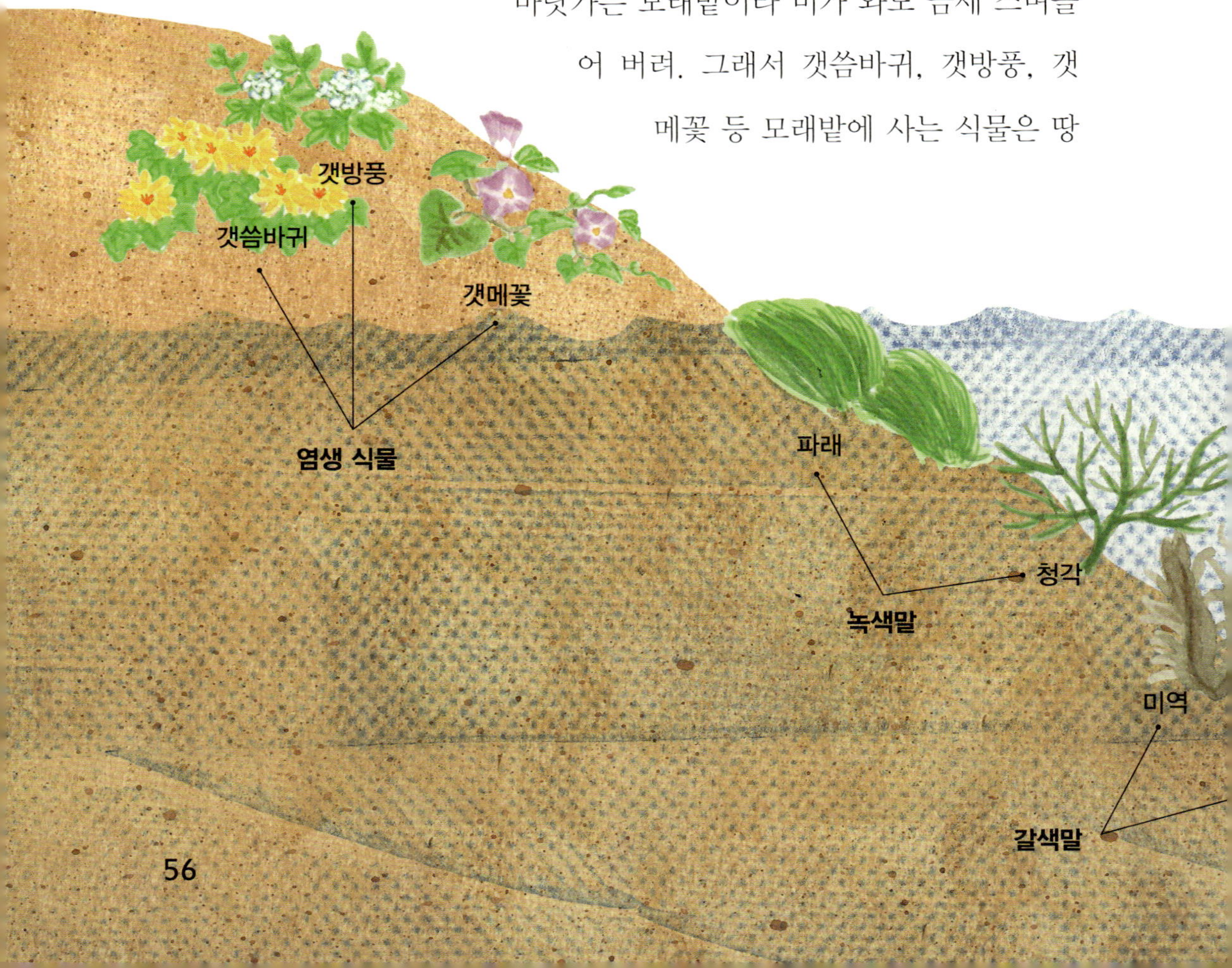

갯방풍
갯씀바귀
갯메꽃
염생 식물
파래
청각
녹색말
미역
갈색말

속에 스며든 물을 빨아들일 수 있도록 줄기나 뿌리가 길어. 바닷바람이 세게 불기 때문에 키가 작고 옆으로 퍼지는 식물도 많지. 바닷가처럼 소금기가 있는 땅에 사는 식물을 '염생 식물'이라고 한단다.

바닷속에도 식물이 살아. 대표적인 것이 바닷말인데, 조류라고도 해. 수심이 깊어질수록 녹색말(녹조), 갈색말(갈조), 붉은말(홍조)로 색깔이 달라지지.

바닷말은 땅의 식물과는 달리 뿌리뿐 아니라 몸 전체로 물과 양분을 빨아들여. 뿌리는 물결에 떠내려가지 않도록 바위 따위에 단단하게 붙어 있는 역할만 하는데, 이런 뿌리를 헛뿌리라고 하지.

· 다시마
우뭇가사리
게발
붉은말

식당을 나온 우리는 선인장 박물관에 들렀어. 선인장 박물관에서 하트 모양 선인장을 찾았어. 정말 하트처럼 생긴 선인장 앞에 이름표랑 설명이 붙어 있었지. 흔히 하트 모양 선인장으로도 불리지만, 선인장과는 아니고 박주가리과에 속하는 열대성 덩굴 식물이래. 그런데 이름이 내 눈길을 끌었어. 오호, 이름이 '호야 케리'란 말이지. 나는 아빠에게 들리도록 큰 소리로 말했어.

"호야! 케리네!"

아빠 이름이 '호' 자로 끝나서, 할머니는 아빠가 어렸을 때 애칭처럼 "호야!"라고 부르셨다는 게 생각났거든.

"뭐라고? 아빠를 놀려? 허허!"

아까 연을 갖고 장난친 아빠가 이번에는 나한테 당했지. 히히.

● 사막 식물

사막은 비가 거의 오지 않고, 일교차가 커서 낮엔 뜨겁고 밤엔 추워. 식물이 살기에는 무척 힘든 환경이지만, 이런 사막에도 선인장이나 용설란 등 다육 식물이 살아.

다육 식물은 뜨겁고 메마른 기후에 견디며 물을 저장하기 위해 잎이 없거나 변형되어 있어. 선인장은 줄기에 물을 저장하기 때문에 잎은 없거나 아주 작고, 용설란은 잎에 물을 저장하기 때문에 잎이 두툼하고 단단해. 또한 이들 다육 식물의 뿌리는 물을 최대한 빨아들이기 위해서 땅속 깊이 넓게 퍼져 있단다.

선인장의 가시는 잎이 변해서 된 거야. 보통 식물의 잎은 햇빛을 받으면 수분을 다 증발시켜 버리지만, 가시는 햇빛을 받는 면적이 작으니 수분의 증발을 막을 수 있어. 사막에 때때로 비가 오면 선인장은 그때를 이용해 쑥쑥 자라고 싹을 틔우고 꽃도 피워. 또한 선인

장은 몸에 수분을 많이 저장할 수 있어서 비가 오지 않는 메마른 기후에도 잘 견딘단다.

　용설란은 잎 끝에 작은 가시들이 뾰족뾰족 나 있는데, 그 모양이 마치 용의 혀 같다고 해서 용설란이라는 이름이 붙었어. 모양도 독특하지만, 용설란은 꽃을 좀처럼 볼 수 없는 식물로도 유명해. 용설란의 꽃을 보며 소원을 빌면 이루어진다는 이야기가 있을 정도야. 용설란은 10년 이상 자라야 꽃을 피우는데, 꽃이 필 때까지 20~30년이 걸리기도 하거든. 그렇게 오래 걸려서 꽃을 한번 피운 다음에는 죽는단다.

"엄마, 우리 집에 있는 알로에도 선인장이죠?"

"알로에도 사막 기후에 살 만한 다육 식물이긴 하지만, 선인장은 아니야. 선인장은 선인장과에 속하고, 알로에는 백합과에 속하지. 선인장은 잎이 변해서 가시가 됐고, 알로에는 잎이나 줄기가 없어지고 비늘줄기인 알뿌리가 변해서 잎처럼 된 거야. 알뿌리는 알처럼 생긴 땅속줄기나 땅속뿌리를 말해."

우리 엄마는 걸어 다니는 백과사전 같아. 어떤 식물이 무슨 과에 속하는지, 어떤 알뿌리가 줄기인지 뿌리인지도 다 안다니까. 하지만 날아다니는 마녀인 할머니를 당할 순 없지. 할머니는 내게 마녀다운 질문을 했어.

"송이야, 알로에가 어디에 좋은지는 아냐? 그게 중요하지."

"음, 피부가 탔을 때 알로에를 바르면 시원하고 좋아요."

지난여름 바닷가에서 햇빛에 얼굴이 델 정도로 놀고 나서 얼굴이 화끈거려 잠을 못 잘 때 엄마가 알로에를 얼굴에 펴 발라 줬던 게 기억났어.

"맞다. 알로에 액즙은 열을 내려 주고 상처를 낫게 해 주지. 똥도 잘 누게 해 주고 말이야. 그리고 알로에꽃은 피를 멎게 해 주고 기침도 그치게 해 준단다."

오호, 알로에가 이렇게 쓸모가 많단 말이지. 마법약에 알로에는 반드시 넣어야겠어!

● **극지방 식물**

몹시 추운 극지방에도 식물이 살까? 물론이지. 다만 극지방의 식물은 너무 작고, 종류와 수도 별로 없어. 게다가 열매를 맺는 식물도 매우 드물어서 사람이 먹을 수 있는 것도 거의 없지. 그래도 북극콩버들, 나도수영 등의 식물들이 그런 혹독한 추위 가운데에서도 강한 생명력으로 살아남아 있어. 그리고 신기하게도 북극 지방의 식물은 대부분 한해살이가 아니라 여러해살이란다.

"송이야, 집에 다 왔다."

차 안에서 깜빡 잠이 들었는데, 어느새 집에 도착했어.

"와, 집이다!"

여행은 떠날 때도 좋지만, 돌아올 때도 좋아. 나는 포근한 침대가 기다리는 내 방으로 들어와 벌렁 누웠어. 하지만 곧 눈을 번쩍 떴지.

"지금 잘 때가 아니지. 식구들이 자는 동안 마법약을 만들어야지!"

가족 여행에서 얻은 식물들로 만든 마법약은 정말 대단했어. 모처럼 멀리까지 가서 구해 온 식물들이니, 그동안 동네에서 모은 식물들과는 다를 수밖에 없겠지? 갖은 약풀, 뿌리, 열매, 씨앗을 넣고 말린 이끼까지 뿌려가며 만든 마법약은 색깔도 신비로웠어. 초록색 악어 가죽, 회색 코끼리의 상아, 갈색 곰의 털, 분홍색 홍학의 깃털이 다 들어간 마법약 같았지. 하지만 나는 동물 성분은 조금도 넣지 않고 오직 식물로만 마법약을 만드는 환경 운동가 마녀라고.

내가 만든 신비로운 마법약을 살짝 맛만 보았을 뿐인데, 난 깜짝 놀랄 효과를 보고 말았어.

"웩, 이게 뭐야? 퉤퉤!"

당장 뱉어 버릴 맛이어서 다음 날까지 입맛을 싹 잃었거든. 하루에 몇 번씩이나 "배고파!"를 입에 달고 사는 내가 말이야. 이 정도면 정말 효과 좋은 약이라고 말하고 싶지만, 솔직히 말하자면 그건 부작용이라고 해야겠지. 내가 만들려고 한 약은 입맛을 잃는 약은 아니었으니까 말이야.

마법약을 제대로 만들려면 아무래도 공부를 더 해야 할 것 같아. 그래서 난 도서관에 가기로 했어. 여행에서 돌아와 마법약을 만드느라 잠도 못 잤으니, 일단은 푹 자고 말이야.

송이의 비밀 노트 ❸
식물의 분류와 발달

"곰팡이가 항생제 같은 약으로도 쓰인단 말이지.
그럼 나도 마법약에 곰팡이를 넣어 볼까?"
마법약은 몰라도 곰팡이를 만드는 건 자신 있지.
곰팡이를 만드는 마법은 이미 예전에 깨우쳤거든. 가르쳐 달라고?
흠, 좋아. 특별히 가르쳐 주지. 하지만 '어린이는 따라 하지 마세요.'
나는 왜 하냐고? 나는 보통 어린이가 아니라 마녀니까. 음하하하!

도서관에는 책이 엄청 많아. 어디에 어떤 책이 있는지 갈 때마다 헷갈리는데, 사서 선생님은 어떻게 알고 책을 쏙쏙 골라 주는 걸까?

"사서 선생님, 식물에 관한 책은 어디 있어요?"

"음, 저기 400번대로 가서 480번대에서 찾아보렴."

"도서관에 책들이 이렇게 많은데, 선생님은 그걸 어떻게 다 아세요?"

"호호. 이 많은 책들이 아무렇게나 꽂혀 있으면 도저히 찾을 수 없겠지. 도서관 책들을 분류하는 방법이 있단다. 예를 들어 미술이나 음악 같은 예술은 600번대, 우리 친구들이 즐겨 읽는 이야기책들은 800번대, 역사책들은 900번대……, 이런 식으로 크게 분류가 되어 있어. 네가 찾는 식물은 순수 과학에 속하니까 400번대인데, 그중에서도 식물은 480, 동물은 490번대로 또 작게 분류되어 있지. 그러니까 어떤 기준으로 분류했는지만 알면, 어떤 책이 어디에 꽂혀 있는지 알 수 있겠지?"

아하, 나는 고개를 끄덕거렸어. 그런데 식물은 어떻게 분류될 수 있을까? 식물에 관한 책들을 보면서 알아봐야겠어.

● 꽃이 없는 민꽃식물 1-균류와 조류

식물은 꽃이 있는 식물과 꽃이 없는 식물로 나눌 수 있어. 그중 꽃이 피지 않아 씨를 맺지 못하는 식물을 민꽃식물이라고 해. 민꽃식물은 대부분 작고 뿌리, 줄기, 잎이 잘 구별되어 있지 않아.

민꽃식물은 다시 균류, 조류, 선태식물, 양치식물로 나눌 수 있어.

균류는 다시 버섯류와 곰팡이류로 나눌 수 있어. 우리가 흔히 먹는 표고, 느타리, 팽이버섯 등이 바로 버섯류야. 곰팡이류에는 누룩곰팡이, 푸른곰팡이, 효모 등이 있어. 어떤 곰팡이는 식물을 병들게 하거나 죽이지만, 어떤 곰팡이는 우리 생활에 도움이 되기도 해. 된장, 치즈, 술, 항생제 등 곰팡이가 이롭게 쓰이는 경우도 많단다.

조류는 강이나 바다 등 물속에서 사는 식물로, 물속에서 살아가기 좋도록 부드럽고 매끄러운 몸을 갖고 있어. 조류는 규조류, 홍조류, 갈조류, 녹조류로 나눌 수 있어. 이 가운데 규조류만 강이나 호수 등 민물에서도 살고, 나머지 홍조류, 갈조류, 녹조류는 대부분 바다에서 살기 때문에 해조류라고도 불러. 규조류는 흔히 돌말이라고도 부르고, 황갈색 색소가 있어서 황조류라고도 부르지. 물에서 사는 동물들의 먹이가 되는 플랑크톤이 바로 규조류란다.

"곰팡이가 항생제 같은 약으로도 쓰인단 말이지. 그럼 나도 마법약에 곰팡이를 넣어 볼까?"

마법약은 몰라도 곰팡이를 만드는 건 자신 있지. 곰팡이를 만드는 마법은 이미 예전에 깨우쳤거든. 가르쳐 달라고? 흠, 좋아. 특별히 가르쳐 주지. 하지만 '어린이는 따라 하지 마세요.' 나는 왜 하냐고? 나는 보통 어린이가 아니라 마녀니까. 음하하하!

〈팡이팡이 곰팡이 마법〉

1. 엄마가 식탁에서 먹으라는 간식을 꼭 내 방까지 가져와서 먹는다.

2. 그 간식이 식빵 같은 빵 종류면 좋다. 떡도 괜찮다.

3. 빵을 먹다가 남겨 두고 안 치운다. 아예 잊어버리면 더 좋다. 빵에 물을 뿌려 두면 더더욱 좋다. 주문도 걸어 둔다. "피어나라 피어나라, 곰팡이야 피어나라, 팡이팡이 곰팡이!"

4. 두구두구두구두구! 며칠 뒤면 푸릇푸릇 곰팡이 완성!

빵에 잘 생기는 푸른곰팡이는 빗자루 모양이야. 마술 빗자루를 타고 다니는 우리 마녀들에게 정말 딱 어울리는 곰팡이지.

하지만 곰팡이는 잘못 쓰면 큰 부작용이 생길 것 같아. 지난번에 입맛을 잃는 약을 먹은 뒤로 나는 좀 더 조심성을 기르기로 했어. 아무래도 할머니처럼 경험이 많은 마녀가 될 때까지는 마법약에 곰팡이를 쓰는 건 미루는 게 낫겠어.

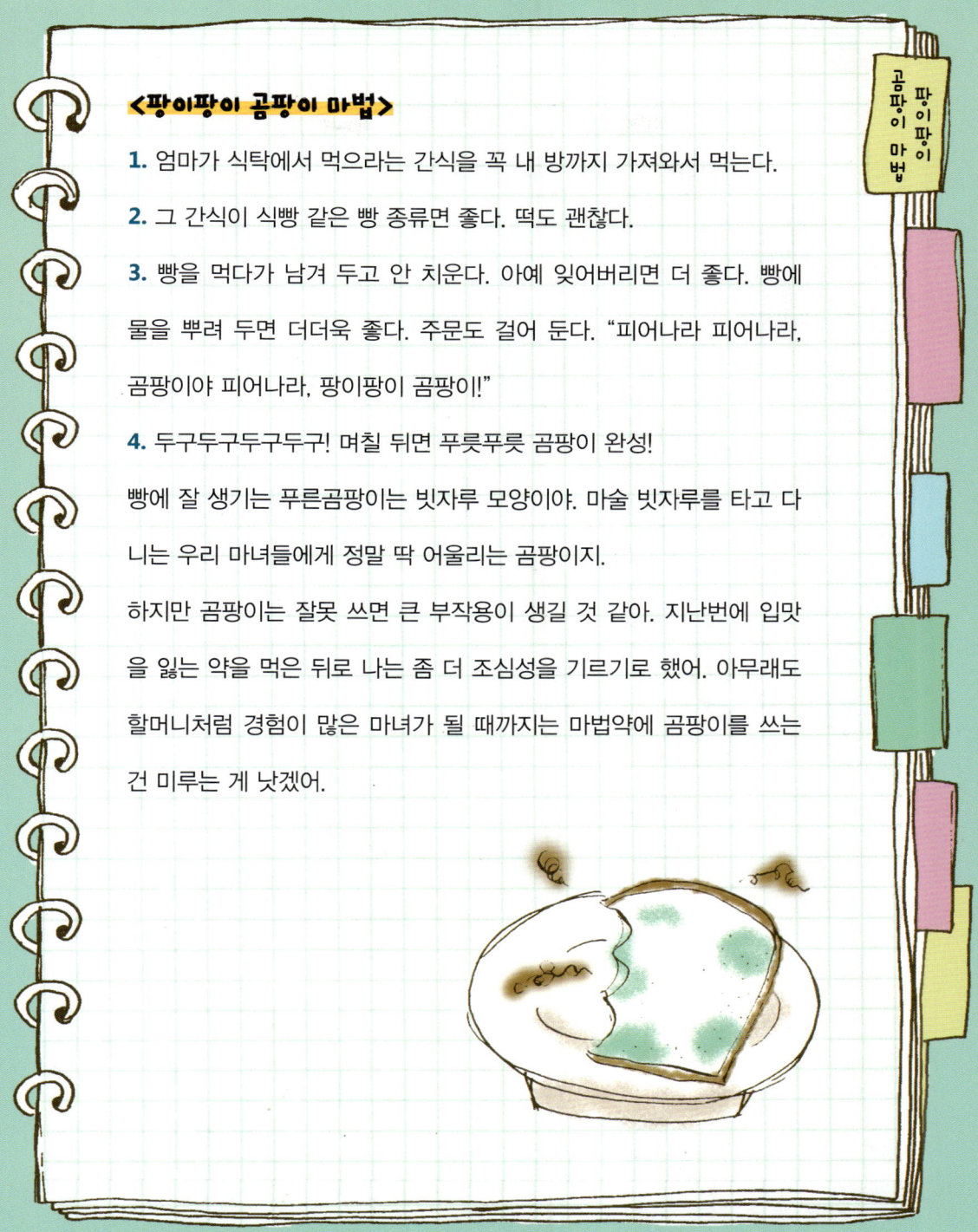

● **꽃이 없는 민꽃식물 2-선태식물과 양치식물**

선태식물은 축축한 곳에 사는 이끼류인데, 물에서 땅으로 올라가는 중간 단계의 식물이라고 할 수 있어. 선태식물은 다시 선류와 태류로 나눌 수 있어.

선류에는 솔이끼, 태류로는 우산이끼가 있지. 우산처럼 생긴 우산이끼는 뿌리, 줄기, 잎의 구별이 뚜렷하지 않아.

솔잎처럼 생긴 솔이끼는 뿌리, 줄기, 잎이 잘 구별되어 있지만, 관다발이 뚜렷하지 않고 뿌리가 헛뿌리란다.

양치식물은 다시 석송류, 속새류, 고사리류로 나누어. 양치식물은 뿌리, 줄기, 잎이 뚜렷하게 구별되고 관다발도 발달되어 있지만, 물관이 헛물관이야. 헛물관은 물관처럼 물이 지나는 길이긴 하지만, 물관만큼 물이 쉽게 통하지는 않지.

현재 살고 있는 양치식물은 대부분 작지만, 아주 옛날에는 커다란 양치식물도 있었어. 아주 큰 양치식물 화석도 남아 있거든. 연료로 사용되는 석탄도 양치식물이 아주 오래 전에 땅속에 쌓여서 만들어진 것이란다.

내가 더 어렸을 때 할머니를 따라 약풀을 따러 가면 할머니가 묻곤 했지.

"아유, 우리 송이 고사리 같은 손으로 뭘 땄나?"

그런데 커다란 고사리 화석을 보니 어린아이한테 '고사리 같은 손'이라는 말은 안 어울리는 것 같아. '단풍잎 같은 손'이라고 하면 몰라도.

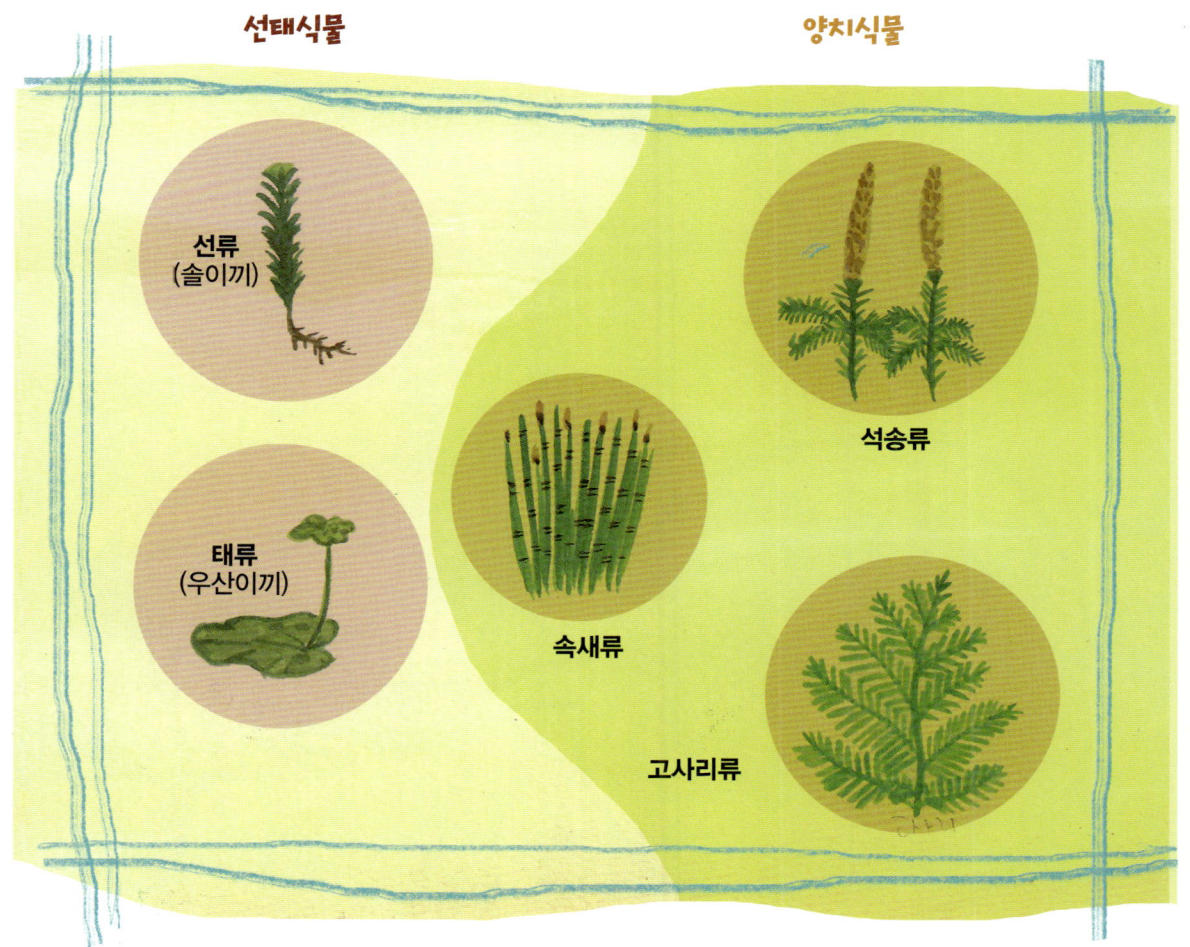

● 꽃이 피고 씨를 맺는 종자식물 1-겉씨식물

꽃이 피고 씨를 맺는 식물을 종자식물이라고 해. 암술의 밑씨가 수술의 꽃가루를 받아서 씨를 만드는 거야.

종자식물은 뿌리, 줄기, 잎이 뚜렷이 구별되고, 물관과 체관이 있는 관다발이 있어. 또한 엽록체가 있어서 광합성을 할 수 있지.

종자식물은 다시 겉씨식물과 속씨식물로 나눌 수 있어. 씨방이 없어서 밑씨가 겉으로 나와 있는 식물을 '겉씨식물'이라고 하고, 씨방 속에 밑씨가 들어 있는 식물을 '속씨식물'이라고 해.

겉씨식물의 꽃은 꽃잎과 꽃받침이 없고 암꽃과 수꽃이 따로 피어. 겉씨식물에는 소나무, 은행나무, 전나무 등이 있어. 키가 크고 튼튼해서 집을 짓거나 가구를 만드는 데 많이 쓰인단다.

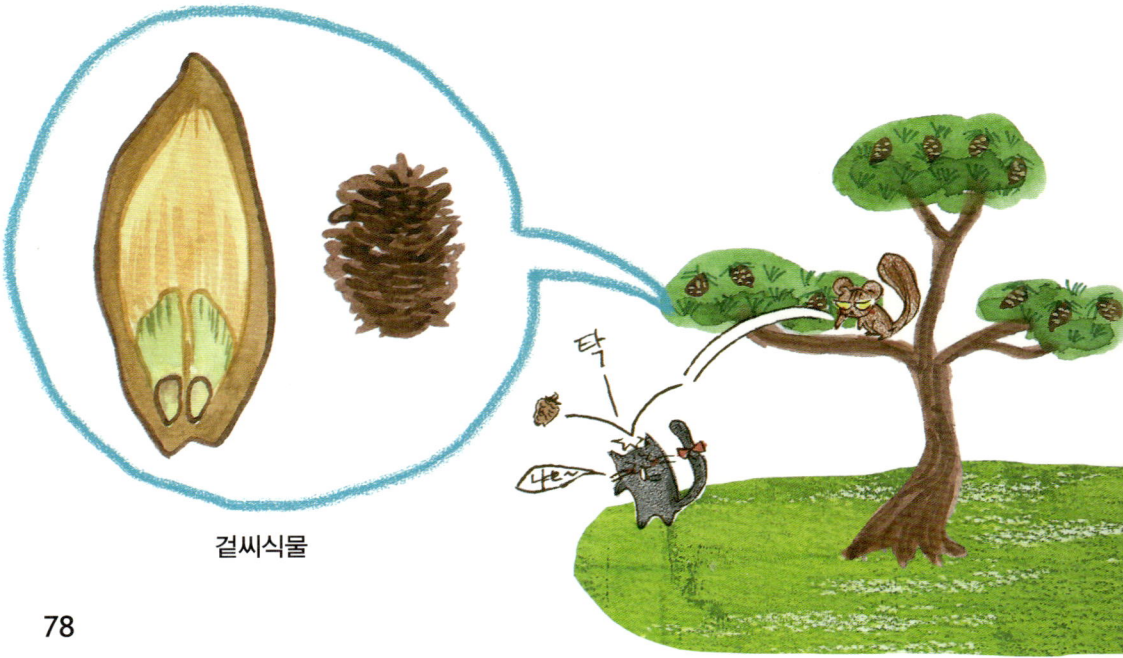

겉씨식물

● 꽃이 피고 씨를 맺는 종자식물 2-속씨식물

　속씨식물은 식물 가운데 가장 많은 부분을 차지하고 있어. 수많은 나무와 풀들이 속씨식물에 속하거든. 속씨식물의 꽃은 꽃잎과 꽃받침이 있어서 겉씨식물보다 훨씬 화려하고 눈에 띄어. 속씨식물에만 있는 씨방이 자라서 열매가 되고, 밑씨는 자라서 씨가 되지.

　속씨식물은 다시 외떡잎식물과 쌍떡잎식물로 나누어. 외떡잎식물은 약 5만 5천 종이 있고, 쌍떡잎식물은 약 20만 종이나 돼. 우리가 거리나 주변에서 쉽게 볼 수 있는 식물들이 대부분 쌍떡잎식물이지.

속씨식물

"될성부른 나무 떡잎부터 알아본다더니, 옛말 틀리지 않네."

도서관에 있다는 것을 깜빡 잊고 혼잣말을 하는데, 누군가 내 어깨를 툭 쳤어.

"너 말이냐? 이렇게 도서관에서 책 쌓아 놓고 보니까, 네가 될성부른 나무다 이거야?"

깜짝 놀라 뒤돌아보니, 우리 반 장난꾸러기 태우였어.

"아, 뭐래? 씨가 싹터서 나오는 떡잎만 봐도 외떡잎식물인지 쌍떡잎식물인지 알 수 있다고!"

"쉿, 도서관에선 조용하라고. 떠들지 말고."

"뭐야. 조용히 책 보는데 말 시킨 사람이 누군데?"

도서관에 오면서 혹시나 책벌레 찬이를 만날 수 있지 않을까 기대했는데, 하필 책과는 담을 쌓고 살 것 같은 태우를 만나다니.

"흐흐, 그럼 우리 나가자. 도서관에서 떠들면 안 되니까."

안 그래도 슬슬 나가려던 참이라 나는 책을 주섬주섬 챙겼어. 도서관에서 떠들면 안 되니까.

● 식물은 어떻게 발달해 왔나?

　식물은 조류, 선태식물, 양치식물, 종자식물의 순서로 발달해 왔어. 그러니까 물속에서 사는 아주 간단한 형태에서부터 땅 위에 사는 크고 복잡한 형태로 발달해 온 거야.

　가장 간단한 초기 식물인 조류는 물속에서 살아. 그다음 선태식물은 물에서 벗어나 땅 위로 올라왔지만 여전히 물이 필요해서 습기가 많은 그늘진 곳에서 살아.

　그다음으로 발달된 양치식물은 선태식물보다는 낫지만 건조한 환경에 잘 견디는 건 아니야. 꽃과 씨를 맺지도 못하지. 가장 발달된 종자식물만이 꽃과 씨를 맺고 건조한 곳에서도 잘 살 수 있단다.

선태식물

조류

물속에서 사는 식물은 몸 전체로 물과 양분을 빨아들이기 때문에 뿌리는 별 역할을 하지 않아. 선태식물의 경우에도 헛뿌리라 식물을 지탱해 주는 일만 하지.

　하지만 더 발달된 땅 위의 식물은 땅속에서 물과 양분을 빨아들이기 위해 뿌리가 발달되어 있어. 또한 애써 빨아들인 물과 양분을 잎과 줄기 곳곳으로 나르기 위해 관다발이 발달되어 있지. 그리고 광합성을 통해 스스로 양분을 만들어 낸단다.

양치식물

종자식물

태우는 내가 빌린 책을 반쯤 나눠 들어 주었어.

"무슨 책을 그렇게 열심히 봐? 시험 기간도 아닌데? 책도 엄청 많이 빌렸네."

"시험이라고 공부하는 건 너처럼 평범한 애들이나 하는 일이지. 실력 있는 마녀라면 꾸준한 연구와 실험을 해야……."

"뭐라고? 마녀라고 했냐?"

"아니아니, 실력 있는 미녀라면 시험 기간뿐만 아니라 평소에도 꾸준히 공부해야 한다고."

"뭐? 푸하하하, 너 엉뚱한 줄은 알았는데 공주병도 있었구나?"

태우는 배를 잡고 웃었어. 틀린 말도 아닌데 뭐 저렇게 웃기까지? 나는 기분이 나빴지만 입을 꾹 다물었어. 그래, 이런 억울한 경우에도 끝끝내 비밀은 지켜야 하는 게 외롭고도 험난한 마녀의 길이겠지. 나는 하고 싶은 말을 속으로만 삼켰어.

'김태우, 웃을 수 있을 때 실컷 웃어 둬라. 실력 있는 마녀의 마법에 걸려서, 울면서 용서를 비는 날이 올지도 모르니까.'

● **식물을 어떻게 분류할까?**

식물이 어떻게 발달해 왔는지 살펴보면, 각 식물의 생김새, 특징, 어떻게 살아가고 어떻게 번식하는지 등을 알 수 있어. 이렇게 식물의 타고난 특징으로 식물을 나누는 걸 자연 분류라고 해.

식물은 어떻게 쓰이는지에 따라 나눌 수도 있어. 먹을 수 있는 식용 식물, 약으로 쓰는 약용 식물, 옷감으로 쓰는 섬유 식물 등 말이야. 하지만 식물 자체의 특성이 아니라 쓰임새에 따라 나눈 것이니 과학적인 분류는 아니지.

더 쉬운 분류 방법으로는 식물이 사는 장소에 따라 수생 식물과

식용 식물

섬유 식물

약용 식물

육상 식물로 나눌 수도 있어. 동물의 경우에도 사는 곳에 따라 육상 동물과 해양 동물로 나눌 수 있는 것처럼 말이야.

하지만 이런 분류는 너무 단순한 방법이야. 예를 들어 물에 사는 고래는 육상 동물이 아니라 해양 동물이지만, 어류가 아니라 포유류잖아? 살아가는 환경만 물속일 뿐, 알이 아니라 새끼를 낳아 젖을 먹이고 아가미가 아니라 허파로 호흡하는 등 다른 모든 특징이 포유류에 속하니까 말이야. 마찬가지로 식물도 그 식물의 전반적인 특징에 따라 나누는 자연 분류가 가장 정확하고 옳은 분류라고 할 수 있단다.

태우는 우리 집까지 나를 데려다 줬어.

"너를 데려다 주는 게 아니라, 이 책들을 모셔다 주는 거야. 도서관의 소중한 책들을 너 혼자 가져가다가 땅바닥에 떨어뜨리기라도 하면 안 되니까."

말은 밉살스럽게 했지만, 사실 무거운 책을 혼자 들고 오는 것보다 한결 편하긴 했어. 집 앞에서 헤어지려는데, 마침 쓰레기를 버리러 나오시던 할머니와 딱 마주쳤지 뭐야.

"어이구, 우리 송이 친구 왔네? 어서 들어와라. 할미가 쑥떡 쪄 주마."

"네, 고맙습니다!"

내가 뭐라고 말할 틈도 없이 태우는 인사를 꾸벅 하더니 우리 집 안으로 들어왔어.

할머니가 쑥떡을 찌러 부엌으로 간 사이, 나도 태우에게 한껏 밉살스럽게 말했지.

"옛말에 미운 놈 떡 하나 더 준다잖아. 우리 할머니가 보기에도 네가 잘생기진 않았나 보네."

"그래? 그럼 찬이는? 떡도 못 얻어먹게 생겼냐?"

나는 말문이 막혔어. 혹시 내가 혼자 찬이를 좋아하고 있는 것을 눈치챈 걸까?

88

할머니가 쪄 준 쑥떡을 꿀떡꿀떡 잘 먹는 태우를 보고 할머니는 무척 좋아했어.

"아이고, 요즘 애들 같지 않게 떡도 잘 먹는구나. 그것도 흰떡도 아니고 쑥떡을."

"어렸을 때 제 별명이 떡보였어요. 히히. 그리고 할머니가 만드신 떡은 정말 맛있어요."

"그려? 많이 먹고 싸 가라."

할머니는 태우가 갈 때 정말 떡을 싸 주기까지 했지. 으, 못 말려.

송이의 비밀 노트 ❹
특별한 식물들

"와, 너 그 과자 뭐야? 맛있어 보이는데."

얘는 왜 이렇게 잘도 돌아다니는 건지, 먹을 복이 많은 건지.

찬이라면 몰라도 태우에게 과자를 나눠 주긴 아깝지만, 먹을것 갖고 야박하게 굴 순 없지.

나는 '옜다, 떡 하나 준다'는 기분으로, 과자 한 봉지를 줬어.

앞으로 우리 집 근처에는 오지 말라는 마법의 주문을 얼른 걸어서 말이야.

태우는 내 속도 모른 채 과자를 받아들고 무척 좋아했어.

"와, 고마워! 앞으로 너희 집 근처에 자주 놀러 와야겠다.

너희 집에 오면 자다 가도 떡이 생길 것 같아."

헉, 내 마법이나 주문이 효력을 발휘하려면 아직 멀었나.

윽, 마법약 만들기는 정말 어려워. 마법 효과를 위해 갖은 재료를 넣을수록 마법약은 점점 맛도 이상해지고, 때로는 속이 울렁거리고, 심지어 배탈이 난 적도 있어. 먹는 마법약은 아무래도 실력을 더 기른 다음에 도전해야 할 것 같아.

그래서 바르는 마법약을 만들어 보았지만, 그것도 만만치 않았지. 간지럽고, 오돌토돌 뭐가 나고, 두드러기가 난 적도 있어. 내 마법약의 효과라면, 기대하지 않았던 부작용을 얻는 것이라고나 할까?

아무래도 뭔가 특별한 재료를 써야 할 것 같아. 나는 좀 더 특별한 식물에 대해 알아보고 채집하기로 했어.

음…

● 이 나라에 뿌리내리고 살래-귀화 식물

  동물과 달리 식물은 뿌리를 내리고 한곳에 살지. 하지만 식물이라고 해서 그 후손까지 언제까지나 같은 곳에 있지는 않아. 식물의 씨가 목재 등 화물에 붙었다가 화물선을 타고 다른 나라로 가서 뿌리내리고 살기도 하거든. 이처럼 다른 나라로 가서 뿌리내리고 사는 식물을 '귀화 식물'이라고 해.

  예를 들면 우리나라에 예부터 있던 재래종 민들레와 달리 외국에서 온 서양민들레는 귀화 식물이야. 얼핏 보면 비슷하지만, 우리나라 민들레와 달리 서양민들레는 꽃자루에서 꽃의 밑동을 감싸고 있는 총포가 뒤로 휘어져 있어. 이런 귀화 식물은 항구나 공항 주변에서 특히 잘 볼 수 있단다.

우리 옆집에는 조이 아줌마가 사는데, 아줌마는 원래 필리핀 사람이었지만 얼마 전에 우리나라 사람이 되었어. 한국 이름은 김주희래. 필리핀 이름도 기억하고 싶어서 비슷한 한국 이름을 지었대. 비록 주민등록증은 없지만 식물도 이런 식으로 다른 나라에 뿌리내리고 그 나라 식물로 귀화한다니, 정말 신기하지?

생각난 김에 조이 아줌마한테 다녀와야겠어. 할머니가 어제 민들레 김치를 담갔는데, 하루이틀 익힌 다음 조이 아줌마한테도 한 통 갖다 주라고 했거든.

"오, 이거 너무 맛있어. 스페셜 김치! 고마워, 쏘니."

조이 아줌마는 내 이름 '송이'를 잘 발음하지 못해. 그래도 '쏘리'가 아니라 '쏘니'라 다행이지.

조이 아줌마는 내가 좋아하는 필리핀 과자를 여러 봉지 주셨어.

"좋아하는 친구랑 나눠 먹어. 남자 친구랑 먹든지. 호호."

앗, 설마 조이 아줌마도 내가 찬이를 좋아하는 것을 아는 건 아니겠지?

조이 아줌마 집을 나오는데 누굴 만났는지 알아? 글쎄 또 태우를 만났지 뭐야. 찬이가 아니라 태우를!

"와, 너 그 과자 뭐야? 맛있어 보이는데?"

얘는 왜 이렇게 잘도 돌아다니는 건지, 먹을 복이

많은 건지. 찬이라면 몰라도 태우에게 과자를 나눠 주긴 아깝지만, 먹을 것 갖고 야박하게 굴 순 없지. 나는 '옜다, 떡 하나 준다'는 기분으로, 과자 한 봉지를 줬어. 앞으로 우리 집 근처에는 오지 말라는 마법의 주문을 얼른 걸어서 말이야.

태우는 내 속도 모른 채 과자를 받아들고 무척 좋아했어.

"고마워! 앞으로 너희 집 근처에 자주 놀러 와야겠다. 너희 집에 오면 자다 가도 떡이 생길 것 같아."

헉, 내 마법이나 주문이 효력을 발휘하려면 아직 멀었나.

● 나 좀 얹혀살아도 될까? - 기생 식물

'기생 식물'은 혼자서는 충분한 양분을 만들지 못해서 다른 식물에게서 양분을 얻어 살아가는 식물이야. 남의 집에 얹혀사는 것을 '더부살이'라고 하는데, 이것은 기생 식물의 다른 이름이기도 해. 사철쑥더부살이, 백양더부살이, 가지더부살이 등은 이름만 봐도 기생 식물인지 알 수 있겠지? 그 밖에 새삼, 실새삼, 야고 등도 기생 식물이야.

그런데 양분을 어느 정도는 다른 식물에게서 얻고, 나머지는 스스로 광합성으로 만들어 내는 식물도 있어. 이런 식물은 반만 더부살이한다고 해서 '반기생 식물' 또는 '반더부살이 식물'이라고 해. 반기생 식물로는 겨우살이, 제비꿀, 꽃며느리밥풀 등이 있어. '전기생 식물'은 엽록체가 없지만, 반기생 식물은 엽록체가 있어서 광합성을

사철쑥더부살이
백양더부살이

기생 식물

겨우살이

반기생 식물

할 수 있어.

　기생 식물에게 양분을 빼앗기는 생물을 '숙주'라고 해. 새삼과 겨우살이 등은 숙주의 줄기나 잎에 붙어 살아서 '줄기 기생 식물'이라고 해. 야고와 백양더부살이, 개종용 등은 숙주의 뿌리에 붙어 살기 때문에 '뿌리 기생 식물'이라고 하지. 이처럼 살아 있는 숙주에 붙어 사는 것을 '활물 기생 식물'이라고 해. 죽은 동물이나 똥 등 생명이 없는 것에 붙어사는 것도 있는데, 이것은 '사물 기생 식물'이라고 하지. 사물 기생 식물로는 수정난풀, 무엽란, 천마 등이 있단다.

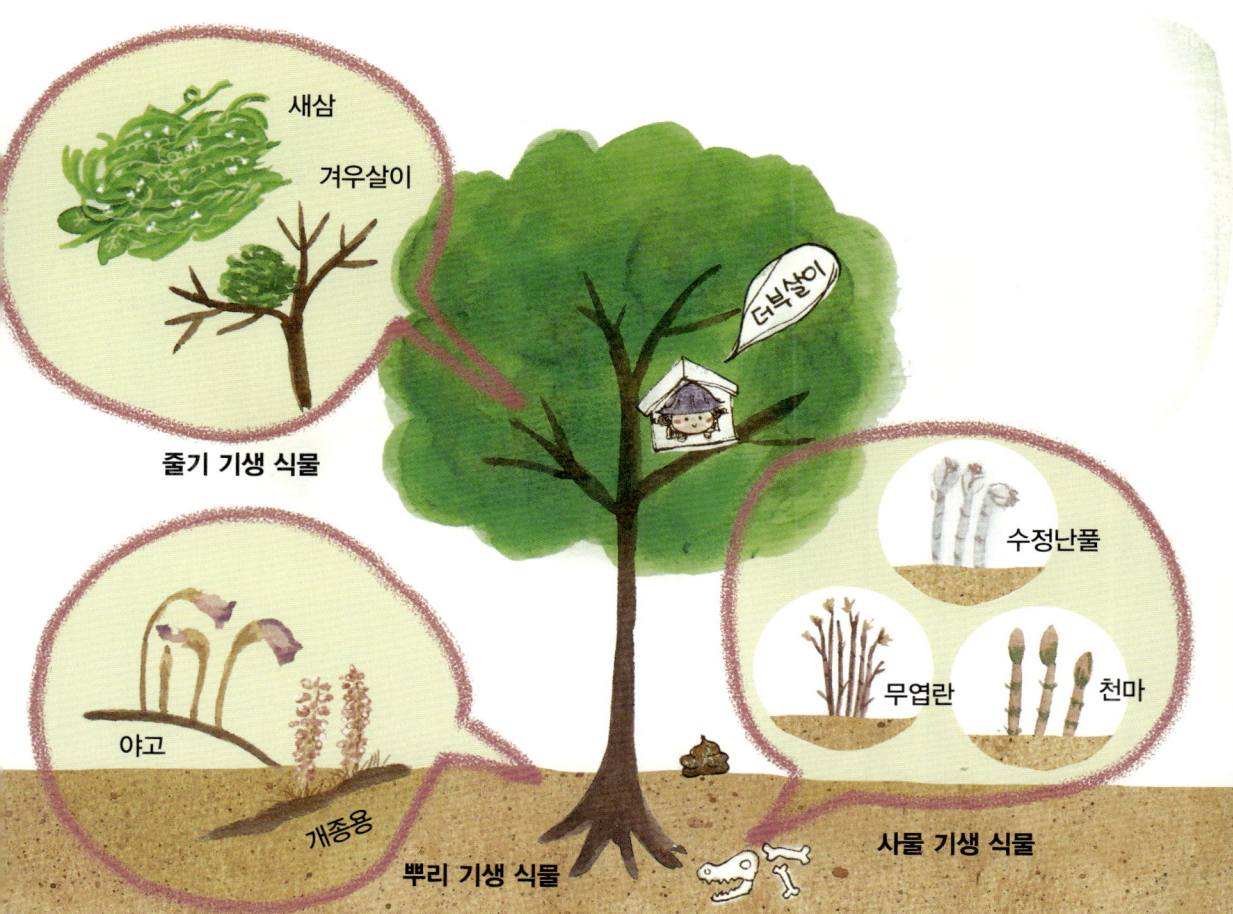

기생 식물은 기생뿌리로 숙주에 붙어 살지. 기생뿌리를 찾다 보니 부착뿌리가 떠올랐어. 맞아, 담쟁이의 부착뿌리를 구해다 마법약을 만들기로 했었지. 우리 동네 중학교 벽에 담쟁이가 있는데, 혼자 갈 용기가 안 나서 미루다가 깜박 잊고 있었어.

"김태우, 중학교에 놀러 가지 않을래?"

"거긴 왜?"

"그냥. 우리 학교는 맨날 가니까. 또 중학교는 운동장도 넓고 놀기도 더 좋잖아."

"토요일에 학교 운동장을 개방하긴 하는데, 아마 축구팀이 축구하고 있을걸? 운동장에서 못 놀 거야."

"괜찮아. 운동장 한쪽에 운동 기구 있는 데서 놀지, 뭐."

나는 태우랑 중학교로 갔어.

● 식물인가, 동물인가? - 벌레잡이 식물

보통은 동물이 식물을 먹는데, 식물이 동물을 먹는 경우도 있어. 바로 벌레를 잡아먹는 '벌레잡이 식물'이야.

기생 식물은 스스로 충분한 양분을 만들지 못해서 숙주에게 붙어 산다고 했지? 벌레잡이 식물도 비슷한 이유 때문이야. 사막이나 높은 산, 늪지 등 양분이 적은 곳에 사는 경우가 많아. 하지만 벌레잡이 식물은 기생 식물과 달리 남에게 얹혀사는 대신 스스로 벌레를 사냥해서 먹고 사니까 훨씬 독립적인 삶이라고 할 수 있겠지?

벌레잡이 식물은 사냥 방법에 따라 함정식, 끈끈이식, 덫식으로 나눌 수 있어.

함정식은 벌레잡이통풀처럼 잎 끝이 통 모양으로 되어 있어서, 벌레가 통에 빠지면 바닥에 있는 소화액으로 녹여 버려. 끈끈이식은 끈끈이주걱처럼 잎이 끈적끈적해서 곤충이 달라붙게 한 다음, 잎을 오므려서 벌레를 감싸지. 덫식은 파리지옥처럼 잎을 열었다 닫았다

할 수 있어서, 잎 사이에 벌레가 들어오면 잎을 꽉 닫아 버려. 벌레의 양분을 다 빨아들이고 나면 다시 입을 벌린단다.

태우는 학교 화단에 있는 벌레잡이 식물을 보더니 신이 나서 파리라도 잡아다가 넣어 줄 거라며 뛰어다녔지.

"너한테 잡혀 줄 파리가 있을지 모르겠다만, 정성은 기특하다."

잠자리채도 없이 두 손으로 파리를 잡겠다고 돌아다니는 태우를 보며 나는 고개를 절레절레 저었어.

"그래, 실컷 뛰어놀아라. 나는 내 임무를 수행할 테니."

나는 혼자 중학교 건물 벽으로 다가갔어. 담쟁이 뿌리를 뜯으려고 하는데, 갑자기 우렁우렁한 목소리가 들려왔어.

"학생! 뭐해?"

"악, 깜짝이야!"

나는 깜짝 놀라 심장이 멎는 줄 알았어. 중학교 경비원 아저씨가 나를 보고 다가오고 있었어.

"아, 저, 있잖아요……."

말을 더듬고 있는데, 어디선가 태우가 나타났어.

"저희는 저쪽에 있는 벌레잡이 식물 먹이 주려고 파리 잡고 있었어요."

"그래? 안 그래도 경비실에 자꾸 파리가 들어와서 골치였는데, 파리를 잡는 건 좋지. 그래도 화단에는 들어가면 안 된다!"

"네!"

경비원 아저씨가 돌아갈 때까지 나는 가슴이 콩닥콩닥 뛰었어. 태우는 사실을 말한 거지만, 나는 거짓말을 한 것 같아 마음이 찔렸어.

위대한 마녀의 고뇌…

● 식물도 운동을 한대요

꽃이나 풀 등 식물은 움직이지 않는다고 생각하니? 하지만 알고 보면 식물도 움직인단다. 벌레잡이 식물은 벌레가 들어오면 잎을 닫아 버린다고 했지? 미모사는 누군가 툭 건드리거나 바람만 불어도 잎사귀를 오므려. 덩굴은 벽이나 줄기를 타고 기어가지. 그리고 민들레나 해바라기는 빛을 따라 움직인단다.

해바라기는 해를 바라본다는 이름에 걸맞게 햇빛을 따라 돌아. 그건 줄기에 있는 '옥신'이라는 호르몬 때문이야. 옥신은 식물의 키가 자라게 하는 호르몬인데, 햇빛을 받으면 사라지기 때문에 햇빛이 닿지 않는 부분으로 옮겨 가는 성질이 있어.

아침이면 동쪽에서 해가 뜨니까, 옥신은 해바라기의 서쪽 줄기로 옮겨 가 그쪽이 길게 자라. 그럼 서쪽 줄기가 길어지니까 줄기는 동쪽으로 휘어지고 해바라기 잎도 동쪽을 향하게 되지.

그런데 이런 활동은 해바라기가 어릴 때 일어나고, 해바라기가 다 자라서 꽃이 활짝 피면 옥신은 활동을 멈춰 버려. 그래서 활짝 핀 해바라기는 더 이상 해를 따라 돌지 않고 동쪽을 향한단다.

→ 옥신

　식물도 운동을 하는데, 사람인 내가 요즘 통 운동을 안 했네. 마법약 만드는 데 정신이 팔려 다른 것을 너무 소홀히 한 것 같아. 실력 있는 마녀가 되려면 마술 빗자루도 잘 타야 하고 운동 신경도 뛰어나야 하는데.

　그래, 이참에 태우랑 운동이나 하고 가야겠어. 찬이는 척척박사지만 운동은 못하고, 태우는 다른 건 몰라도 운동은 정말 잘하거든. 아니, 내가 왜 찬이랑 태우를 비교하고 있지? 내 마음엔 오직 찬이뿐인데.

태우랑 나는 중학교에서부터 동네 공원까지 뛰어가기로 했어.

"지는 사람이 아이스크림 사 주기다. 준비, 시작!"

아니, 우리 반 날다람쥐인 태우랑 달리기 시합을 하면 내가 어떻게 이기겠어? 이건 나더러 아이스크림을 사라는 얘기지.

"싫어. 달리기 시합 안 해!"

이렇게 외치면서도 나는 자동으로 달리기 시작했지.

● 나만 봐도 이곳을 알지-지표 식물

어떤 식물은 아주 제한된 환경에서만 살 수 있어서, 그 식물이 있는 것만으로도 환경이 어떤지 알 수 있어.

예를 들어 고사리 같은 양치식물은 온대 기후, 가문비나무는 한랭 기후의 지표 식물이야. 이처럼 기후 조건을 알려 주는 식물을 '기후 지표 식물'이라고 해.

한편 쇠뜨기는 땅이 산성이라는 것을 알려 주고, 거미고사리는 땅이 중성이나 알칼리성이라는 것을 알려 줘. 이처럼 땅의 조건을 알려 주는 식물을 '토양 지표 식물'이라고 하지.

토양 지표 식물
(쇠뜨기)

대기 지표 식물
(샐비어)

이 밖에도 공기의 조건을 알려주는 '대기 지표 식물', 물의 조건을 알려주는 '수질 지표 식물' 등이 있어. 들깨나 샐비어는 오존이나 아황산가스가 있는 곳에서는 잎에 반점이 생겨서 오염을 알려주지.
　지표 식물은 다른 측정 도구나 특별한 기술이 없이도 그 환경의 특성을 알아볼 수 있는 값싸고 간편한 방법이야. 그 환경에 어떤 작물이나 나무를 심었을 때 잘 자랄지 쉽게 알 수 있기 때문에, 농업, 임업, 목축업 등 산업에도 널리 이용된단다.

**수질 지표 식물
(노랑물봉선)**

● **식물의 이름은 어떻게 지어졌을까?**

옛날 사람들은 식물에 재미나거나 예쁜 이름을 재치 있게 지어 주었어. 이런 이름들은 어떻게 붙게 되었을까?

먼저 식물의 생김새를 딴 이름이 많아. 꽃이 은방울처럼 생긴 은방울꽃, 여우꼬리처럼 생긴 여우꼬리풀, 입술 모양 꽃잎 가운데 밥알 두 개가 들어 있는 것처럼 생긴 꽃며느리밥풀, 잎이 곰발바닥처럼 생긴 곰취 등이 그렇지.

식물의 향기나 맛을 딴 이름도 있어. 향기가 백 리까지 퍼진다고 백리향, 더 멀리 천 리까지 퍼진다고 해서 천리향, 뿌리에서 오줌 냄새가 나는 쥐오줌풀과 여우오줌풀 등이 그래.

식물의 특징을 따서 지은 이름도 있어. 꽃이 금세 시들지 않고 백일 정도 붉은 꽃이 달려 있다고 백일홍, 꽃이 더 오래 핀다고 천일홍, 끝없이 꽃이 핀다고 지은 무궁화 등이 그렇지.

식물의 사는 곳을 따서 지은 이름도 있어. 바위에 살아서 바위채송화, 물에 살아서 물달개비, 갯벌에 살아서 갯쑥부쟁이, 섬에 살아서 섬백리향 등이 그렇단다.

그리고 먹을 수 있는 식물에는 '참' 자를, 먹지 못하는 식물에는 '개' 자를 붙이는 경우가 많아. 진달래는 먹을 수 있어서 참꽃, 철쭉은 먹을 수 없어서 개꽃이라고 부르지. 마찬가지로 참나물, 참취 등은 먹을 수 있고, 개머루는 먹지 못하지.

헉헉거리며 마을 공원에 들어서는데 할머니를 만났어. 할머니도 운동 삼아 자주 오는 공원인데, 하필 태우랑 있을 때 또 마주쳤지 뭐야.

"안녕하세요!"

태우는 큰 소리로 할머니께 인사했어.

"어이구, 인사도 참 잘하는구나. 우리 송이랑 단짝인가 보네. 이름이 뭐라고 했더라?"

"태우예요. 김태우. 그런데 할머니, 송이 이름은 왜 송이예요?"

"우리 송이, 꼭 송이처럼 생겼잖니?"

할머니는 내 머리를 쓰다듬으며 웃었지만, 나는 태우 들으라고 말했지.

"애들이 송이송이 밤송이라고 놀린단 말이에요."

"어, 내가 언제? 나는 딱 한 번, 송이버섯이라고만 했는데……."

태우가 기어들어가는 소리로 말하자, 할머니가 내 편을 들었어.

"우리 송이는 송이송이 꽃송이여. 꽃송이처럼 곱다고, 포도송이처럼 탐스럽다고 지은 이름이구먼."

평소라면 '우웩' 하는 표정을 지었을 태우가, 할머니 앞이라 그런지 가만히 듣고만 있었어. 나는 할머니 뒤에서 태우한테 혀를 메롱 내밀었지.

참, 아이스크림은 누가 샀냐고? 당연히 날다람쥐 태우가 이겨서 내가 사 줘야 했는데, 할머니가 사 줬어. 운동 뒤 먹는 시원한 아이스크림은 정말 꿀맛이야. 할머니가 더 맛있어지는 마법을 걸어 주기라도 한 것처럼.

송이의 비밀 노트 ❺
식물의 쓰임새와 보호

마녀들만 식물을 약재료로 쓰는 건 아니야.

보통 사람들도 식물로 약을 만들어 쓰는 것을 보면, 식물의 효능을 일찍이 알아챈 거지.

아, 지금쯤이면 벌레 쫓는 마법약 효과가 나타났겠지?

나는 아까 약을 뿌려 둔 음식물 쓰레기통에 가 보았어.

"휴, 이번에도 실패인가? 주문을 잘못 걸었나?"

음식물 쓰레기통 주변에는 여전히 벌레들이 좀 날아다니고 있었어.

　귀화 식물, 기생 식물, 벌레잡이 식물 등 특별한 식물들을 넣고 마법약을 만들다가 좋은 생각이 떠올랐어. 벌레잡이 식물이 벌레를 잡아먹는다 해도, 집 안 곳곳에 다 둘 수는 없잖아? 그래서 아예 벌레를 쫓아 버리는 마법약을 만들기로 했지.

　엄마가 요리할 때 쓰려고 키우는 허브를 넣고 벌레 없애는 약을 만들기 시작했어. 로즈메리, 라벤더, 페퍼민트 등 여러 가지 허브를 빻아 넣고, 물도 넣고……. 벌레들을 내쫓는 주문을 정성껏 걸었어.

　"완성!"

　다 만든 마법약을 분무기에 넣고 평소 벌레가 잘 꼬이는 음식물 쓰레기통 주변에 뿌려 보았어. 정말 벌레들이 안 꼬이는지 살펴봐야지.

● 약방의 감초

　식물은 약의 재료가 되기도 해. 몸에 좋은 걸로 손꼽히는 산삼과 인삼뿐만 아니라 갈근, 계피, 감초 등 수많은 한약재들이 식물이지. 이런 약재들을 각 사람의 체질이나 증상에 맞게 잘 섞어 한약을 짓는데, 어떤 한약을 지어도 감초는 거의 꼭 들어가. 그래서 어떤 일에나 꼭 끼는 사람이나 물건을 가리켜 '약방의 감초'라고 부르게 되었단다.

　우리 몸에 균이 있어 병에 걸렸을 때엔 항생제를 쓰지? 항생제는 우리 몸에 해로운 세균들을 없애 주기 때문이야. 그런데 가장 먼저 생긴 항생제가 뭔지 아니? 바로 폐렴이나 패혈증 같은 무서운 병을 치료하는 페니실린이야. 1928년에 플레밍이 포도상구균을 배양하다가, 푸른곰팡이가 포도상구균이 자라는 걸 막는 것을 보고 우연히 발견하게 되었지. 그 후 많은 항생제가 나왔고 약의 원료가 되었어.

그러고 보면 마녀들만 식물을 약재료로 쓰는 건 아니야. 보통 사람들도 식물로 약을 만들어 쓰는 것을 보면, 식물의 효능을 일찍이 알아챈 거지.

아, 지금쯤이면 벌레 쫓는 마법약 효과가 나타났겠지? 나는 아까 약을 뿌려 둔 음식물 쓰레기통에 가 보았어.

"휴, 이번에도 실패인가? 주문을 잘못 걸었나?"

음식물 쓰레기통 주변에는 여전히 벌레들이 좀 날아다니고 있었어. 시무룩해져서 쓰레기통만 보고 있는 내게 할머니가 물었어.

"우리 송이, 벌레 쫓는 약 만든 거야? 어디 보자. 로즈메리, 라벤더, 페퍼민트……. 가만, 알코올을 안 넣었구먼?"

할머니는 마법약 냄새만 맡고도 내가 무얼 넣었는지 다 알아맞히는 거 있지? 할머니 코는 개코! 아니지, 우리 할머니는 진짜 대단한 마녀라니까.

나는 알코올을 넣은 마법약을 다시 음식물 쓰레기통에 뿌리고, 내 비밀 노트에도 마법약 조제법을 적었어. 할머니가 손을 탁탁 터는 게 혹시 남몰래 주문을 거는 걸지도 몰라서, 그것도 적어 두었지. 아, 제발 이번에는 성공했으면!

● 집을 짓고, 가구와 물건을 만들어요

식물의 쓰임새 하면 가장 먼저 떠오르는 것은 아무래도 목재일 거야. 예부터 사람들은 나무로 집을 짓고 가구를 만들어 왔어. 참나무, 흑단, 마호가니, 티크 등 단단한 나무들이 집이나 가구를 만들기에 좋지. 통나무 자체를 쓰기도 하지만, 목재를 얇게 켠 베니어판이나 그것들을 여러 장 붙인 합판 등의 널빤지로 만들어서 쓰기도 해. 또한 집을 따뜻하게 하고 음식을 만들기 위해 땔감으로도 쓰지. 그리고 종이를 비롯해 여러 가지 문구용품과 악기도 만들어.

우리나라의 참나무는 특히 여러모로 사용돼. 튼튼하고 나뭇결이 아름다운 몸통으로 가구도 만들고, 불에 구워서 질 좋은 숯도 만들고, 열매인 도토리로는 음식을 만들어 먹기도 하지. 굴참나무의 코르크는 물이 새지 않고 탄력성도 좋아서 병마개로 쓴단다.

땅 위의 식물뿐만 아니라 수생 식물도 쓰임새가 많아. 물에 떠서 살아가는 규조류가 죽어서 바다나 호수 밑바닥에 쌓이면 '규조토'라고 하는 고운 흙이 돼. 규조토는 왁스, 치약, 시멘트, 니스, 폭약 등 쓰임새가 아주 다양하단다.

● **냠냠, 우리 입에 쏙!**

　식물의 열매와 잎, 줄기, 뿌리 등은 사람에겐 음식이 되고, 야생 동물에겐 먹이가 되고, 가축에겐 사료가 되지. 그리고 썩은 식물은 퇴비가 되어 다른 식물들이 잘 자라도록 밑거름이 되어 준단다.

　단순히 배를 채울 뿐만 아니라 우리 입과 코를 즐겁게 해 주는 식물도 많아. 식물은 녹차, 홍차, 커피, 술, 담배, 꿀, 설탕 등 여러 가지 기호품의 원료가 되거든.

　미래의 식량으로 기대되는 식물도 있어. 연못, 늪, 호수 등에서 흔히 볼 수 있는 클로렐라야. 클로렐라는 엽록체가 있어서 광합성을 하기 때문에 스스로 양분을 만들어 낼 수 있어. 하루에 10배씩 쑥쑥 늘어날 정도로 번식 속도가 빠르기 때문에, 식량이 모자랄까 봐 걱정하진 않아도 되겠지? 게다가 클로렐라 안에 있는 지방, 단백질, 탄수화물의 양을 적당하게 조절할 수도 있어서, 양뿐만 아니라 질적으로도 훌륭한 식품이 될 수 있단다. 이미 클로렐라 가루를 이용해서 만든 국수나 약 등 많은 제품들이 시중에 나와 있지만, 연구가 계속되고 있으니 앞으로가 더 기대되는 식품 원료란다.

약뿐만 아니라, 식물의 쓰임새는 정말 다양해. 우리가 살아가는 데 꼭 필요한 의식주 생활에 모두 식물이 필요하지. 우리가 사는 집도, 우리가 입는 옷도, 우리가 먹는 음식도 식물에서 원료를 얻은 게 무척 많으니까. 채식주의자가 아니라 고기를 즐겨 먹는 사람이라도 밥이며 빵, 설탕, 커피 등 식물에서 얻은 걸 얼마나 많이 먹는지 몰라.

아참, 음식물 쓰레기통! 음식 생각을 하다 보니, 음식물 쓰레기통에 뿌려둔 내 마법약이 생각났어.

"와! 정말 벌레들이 안 보이네!"

드디어 마녀의 마법약 1호 성공인가 봐. 마법약 1호에는 '벌레 안녕 약'이라는 이름을 붙여 주었어. 나는 좀 더 실험을 거듭한 뒤 완성 방법을 비밀 노트에 적어 두었지.

● 상처뿐인 영광, 영광뿐인 상처

진주는 조개의 눈물이라고 하지? 조개에 모래알 등 이물질이 들어가면 조개는 그 단단한 이물질로부터 부드러운 속살을 보호하기 위해 특별한 물질을 만들어 내게 돼. 그것이 아름다운 진주가 되는 거야. 그래서 사람들은 진주를 가리켜 상처를 견디며 아름답게 맺은 조개의 눈물이라고 해.

이처럼 상처에서 얻은 결실은 식물에서도 찾아볼 수 있어. 소나무에 상처가 나면 송진이 흘러나와. 송진으로 테레빈유를 만드는데, 테레빈유로는 페인트나 먹을 만들 수 있어. 한편 고무나무에 상처가 나면 우윳빛 액체가 흘러나와. 이것이 바로 라텍스인데, 이것으로 고무를 만들지. 고무나무뿐만 아니라 속씨식물의 10%는 라텍스를 만드는 데 이용된단다. 치클에서 나오는 라텍스로는 우리가 즐겨 씹는 껌을 만들지.

이처럼 상처를 통해서도 우리에게 뭔가를 주는 고마운 나무들. 정말 '아낌없이 주는 나무'라는 생각이 들지 않니?

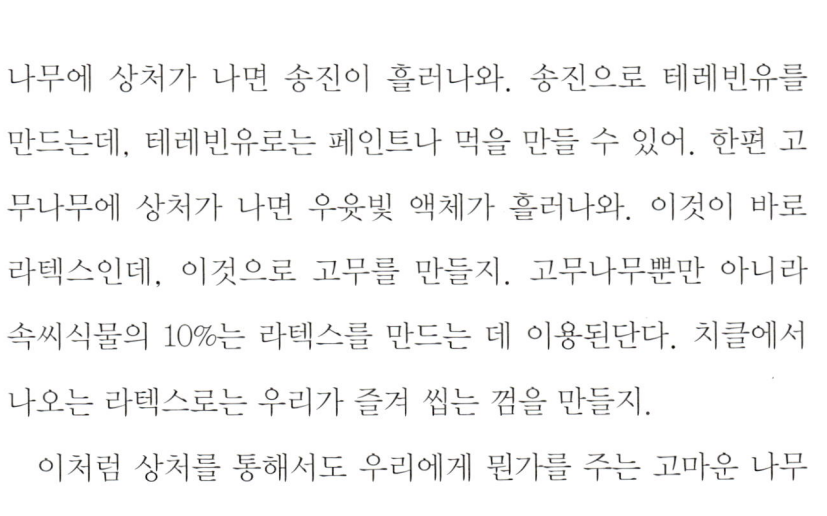

● 식물을 본떠 만든 발명품

사람이 만들어 낸 발명품 중에는 식물 등 자연의 지혜를 본뜬 것이 많아.

흔히 찍찍이라고 불리는 벨크로 알지? 운동화의 끈 대신, 또는 옷의 지퍼 대신 찍찍이를 붙이면 더 간편하게 양쪽을 여밀 수 있잖아. 그 찍찍이를 만든 사람은 숲을 가다가 자꾸만 바짓가랑이에 달라붙는 도꼬마리 열매를 보고 아이디어를 얻었단다.

고무보트나 튜브는 부레옥잠처럼 물 위에 뜨는 부유 식물을 보고 만들어 낸 거야. 부레옥잠의 통통한 잎자루를 잘라 보면 공기가 가득 차 있어서 부레옥잠이 물 위에 뜰 수 있거든.

전화선은 평소에는 짧아 보이지만 꼬불꼬불 선을 늘리면 쭉 늘어나지? 이건 수세미 덩굴에서 따온 거야.

이 밖에도 사람들이 다가가지 못하도록

막는 가시 철조망은 장미의 가시를 본떠 만들었고, 바람을 타고 천천히 떨어지는 낙하산은 바람을 타고 날아가는 민들레 씨를 보고 만들었지.

  이처럼 식물은 자체의 쓰임새도 많지만 여러 가지 쓸모 있는 발명품을 만드는 데에도 한몫했단다.

"송이야, 뭐해? 또 책 보냐?"

"방해하면 쏜다. 칙칙!"

나는 놀러 온 태우에게 약을 뿌리는 시늉을 했어.

"쏘긴 뭘 쏴?"

"벌레 안녕 약을 만드는 데 성공했거든. 그거 쏜다고."

"헉, 나를 지금 벌레 취급하는 거냐?"

태우는 어이없어하면서도, 내가 만든 벌레 안녕 약을 보고 신기해했지.

"와, 대단하다! 나도 발명가가 되는 게 꿈인데!"

"그래? 많은 발명가들이 동물이나 식물에서 아이디어를 얻은 건 알고 있니?"

"그럼. 비행기는 새를 보고 만들고, 잠수할 때 신는 오리발은 오리 물갈퀴를 보고 만든 거잖아."

"맞아. 그런데 식물을 본뜬 발명품도 많아."

태우와 나는 발명 아이디어에 대해 이런저런 이야기를 나누었어. 실험이 필요할 땐 서로 도와주기로 약속도 했지.

실력 있는 마녀는 특효 마법약을 만들어 내는 제약사이자 신통방통한 물건들도 뚝딱 만들어 내는 발명가야. 나는 여러 식물에 대해 공부하면서 점점 실력 있는 마녀가 되어 가고 있다고!

나는 벌레 쫓는 마법약에 이어, 여러 가지 약품을 넣은 비누도 만들기 시작했어. 방부제나 표백제 따위는 넣지 않고 식물의 씨나 잎, 기름 등을 넣고 좋은 비누를 만들 거야.

● 환경 오염과 식물 보호

식물은 광합성을 통해 스스로 양분을 만들어 내고 산소를 만들어. 하지만 동물은 광합성을 하지 못하기 때문에 반드시 먹이를 통해 양분을 공급받아야 해. 그래서 초식 동물은 식물을 먹고 살고, 육식 동물은 초식 동물을 먹고 살지. 이처럼 먹이사슬 맨 아래칸에 있는 식물이 없다면, 먹이사슬은 무너지고 말 거야.

그뿐만 아니라 식물은 환경 오염을 막아 주는 일도 해. 땅 위의 식물이 산소를 만들어 대기를 맑게 해 주고, 수생 식물은 물속에 산소를 불어 넣어 줘. 수생 식물들은 물속 오염 물질을 흡수해서 물을 맑

게 해 주는 역할도 해.

 하지만 오늘날에는 환경 오염으로 인해 이렇게 소중한 식물이 위협을 당하고 있어. 강을 파헤치고, 강가에 시멘트를 바르고, 갯벌을 메우는 등 곳곳에서 자연이 파괴되고 있거든. 식물이 살 수 없는 곳에는 다른 생물들도 살 수 없는데 말이야.

 소중한 지구를 지키기 위한 첫걸음은 식물이 살 수 있도록 환경을 지키는 거야. 지구를 병들게 하는 일회용품의 사용을 줄이고, 자동차 대신 자전거를 타는 등 우리가 할 수 있는 모든 노력을 기울여야겠지? 그것이 바로 식물이 사는 길이자 우리 모두가 사는 길이란다.

비누 만들기는 꽤 어려워서, 마법약보다 더 많은 실패를 겪어야 했어. 이미 만들어진 비누 재료를 쓰면 좀 쉽게 만들 수 있지만, 그건 마녀의 자존심이 허락하지 않는 일이지. 나는 주말마다 비누 학교에도 가고, 인터넷으로 동영상 등 수많은 자료를 찾아보고, 비누에 넣을 약풀의 효과에 대해서는 할머니한테 물어보기도 하면서, 오랫동안 연구와 실험을 거듭했어.

태우도 많은 도움을 주었어. 우리 집에 자주 놀러 와서, 순순히 내 실험 대상자가 되어 줬거든.

"너, 피부에 두드러기 생길지도 몰라. 괜찮겠어?"

"걱정 마. 전에 모르고 빨랫비누로 세수했을 때도 말짱했고, 더 어릴 때

아빠 화장품 바른 적도 있는데 괜찮았어. 형은 따갑다고 울고불고했는데 말야. 내 피부는 튼튼한 갑옷 같다고. 흐흐흐."

실력 있는 마녀가 되면 태우에게 짓궂은 마법을 걸려고 했는데, 그건 취소하기로 했어. 마법 실험 1호 대상자가 되어 줬으니.

실력 있는 마녀가 되면 찬이에게는 사랑에 빠지는 마법을 걸려고 했는데, 그것도 취소해야 할 것 같아. 이제 태우를 좋아하는 것 아니냐고? 아니, 아니라고! 그저 사랑은 마법으로 얻는 게 아닌 것 같아서 그런 것뿐이라고.

마침내 마녀 비누를 만들어 냈어! 몸에 해로운 화학 성분이 들어가지 않은, 순하고 효과 좋은 마녀 비누! 처음엔 나랑 태우만, 그다음엔 할머니가, 그다음엔 온 가족이 내 비누를 썼지. 내 친구들, 엄마 친구들도 써 보더니 좋다고 자꾸만 더 달라고 하지 뭐야?

마을에 소문이 나서 내 비누를 주문하는 사람들도 생겼어. 한 번도 못 써 본 사람은 있어도, 한 번만 쓰는 사람은 없는 마녀 비누! 한 번 써 보면 계속 쓰게 되는, 중독성 있는 마녀 비누! 차츰 단골까지 생기게 되었지.

"송이야, 도대체 비법이 뭐니?"

마녀 비누의 비법을 궁금해하는 사람들이 많지만, 손님들은 물론 할머니나 엄마 아빠에게도 비밀이야. 나는 마녀의 비밀 노트를 품에 안고 마녀다운 미소를 지었지.

다음 목표는 뭐냐고? 벌레 안녕 약과 마녀 비누에 이은 다음 목표는 진짜 마법약을 만드는 거야. 한 번 먹으면, 앓아 누웠던 사람

도 벌떡 일어나는 마법약 말이야. 에이, 세상에 그런 약이 어디 있냐고? 어허, 보통 사람들의 얄팍한 지식과 연약한 믿음이란! 마녀의 세계에는 있다고!

  할머니를 따라 약풀을 뜯고, 두꺼운 책들을 쌓아 놓고 공부하고, 여러 가지 약물을 보글보글 끓이며 실험하고……. 마녀의 길은 쉽지 않지만 나는 이 길을 뚜벅뚜벅 가겠어. 오늘도 힘내자. 송이송이 꽃송이 마녀!

송이의 비밀 노트
아낌없이 주는 식물

2018년 1월 10일 1판 1쇄 발행
2025년 1월 20일 1판 4쇄 발행

지은이 양승현
그린이 지문
발행인 김경석
펴낸곳 아이앤북
편집자 우안숙 노연교
디자인 장지윤
마케팅 남상희
주 소 서울시 성동구 천호대로 424(용답동)
연락처 02-2248-1555
팩 스 02-2243-3433
등 록 제4-449호

ISBN 979-11-5792-108-9 74480
ISBN 979-11-5792-009-9 (세트)

이 책에 실린 모든 내용, 디자인, 이미지, 편집 구성의 저작권은 아이앤북과 지은이에게 있습니다.
http://blog.naver.com/iandbook 아이앤북은 '나와 책' '아이와 책'이라는 뜻을 가지고 있습니다.